Eccoci!

BEGINNING ITALIAN

Tapescript / Answer Key

Paola Blelloch
The College of New Jersey

Rosetta D'Angelo
Ramapo College

Prepared by
Ugo Skubikowski
Middlebury College

John Wiley & Sons, Inc.　New York　Chichester　Weinheim　Brisbane　Singapore　Toronto

ISBN 0-471-16825-4

Printed in the United States of America

10 9 8 7 6 5 4 3 2 1

Printed and bound by Odyssey Press, Inc.

Table of Contents

LABORATORY MANUAL ANSWER KEY

Tapescript

Capitolo preliminare

p 231

PRONUNCIA

A. *Listen to the model and pronounce the words, paying attention to the vowel sounds.*

1. banana	9. Eva	17. Italia	25. roco
2. male	10. bene	18. solo	26. costa
3. casa	11. zero	19. dove	27. luna
4. cara	12. eco	20. pone	28. musica
5. bere	13. diti	21. vagone	29. punto
6. neve	14. vini	22. Roma	30. tuta
7. sete	15. mite	23. porta	
8. pere	16. libro	24. odio	

B. *Listen to the model and pronounce the words, paying attention to silent h and the sounds of d, t, q, and r.*

1. hanno	7. dormire	13. questo	19 Rita
2. hotel	8. tempo	14. quando	20. treno
3. ho	9. tedesco	15. quadro	21. pronto
4. hai	10. titolo	16 questione	22. guardare
5. dente	11. trenta	17 ruga	
6. dado	12. qui	18 vero	

C. *Listen to the model and pronounce the words, paying attention to the sounds represented by c, or g followed by vowels or by h.*

1. cinema	6. giorno	11. giovane	16. colore
2. centro	7. gelato	12. giusto	17. gara
3. ciao	8. giostra	13. caro	18. guida
4. bacio	9. giardino	14. amico	19. lungo
5. Gigi	10. Giorgio	15. conto	20. lago

21. Chianti	23. roche	25. lunghe	27. piaghe
22. perchè	24. laghi	26. paghiamo	28. ghermire

D. *Listen to the model and pronounce the words, paying attention to the sound represented by **gl** followed by **i**.*

1. gli	4. aglio	7. foglie	10. caglio
2. foglio	5. famiglia	8. gigli	
3. figlia	6. taglie	9. maglie	

E. *Listen to the model and pronounce the words, paying attention to the sound represented by **gn** followed by **a, e, i, o, u**.*

1. ogni	4. sogno	7. ragni	10. pugno
2. lavagna	5. lasagne	8. rogna	
3. signore	6. pigna	9. ognuno	

F. *Listen to the model and pronounce each pair of words, paying attention to single and double consonants. Notice that when an accented vowel precedes the single consonant, the vowel is held longer. Conversely, the accented vowel preceding the double consonant is shorter and the consonant sound is pronounced with more force or is held longer than the single consonant.*

1. pala / palla	5. lega / legga	9. cacio / caccio	13. bela / bella
2. caro / carro	6. moto / motto	10. fuga / fugga	14. bevi / bevvi
3. fato / fatto	7. eco / ecco	11. faro / farro	
4. dona / donna	8. rida / ridda	12. papa / pappa	

G. *Write down the word that you hear. You may stop the tape as necessary. To check what you have written, see the Answer Key.*

1. eco	11. truce	21. pece	31. schiavo
2. bene	12. rigo	22. luoghi	32. mischia
3. fama	13. regio	23. vieta	33. sciame
4. pane	14. giogo	24. pesca	34. schiude
5. bara	15. ciuco	25. pesce	35. lascia
6. rate	16. gita	26. lisca	36. chiod
7. fumo	17. dighe	27. rischia	37. perchè
8. puro	18. ligio	26. cuoce	38. ragù
9. duca	19. rogo	29. nasce	39. così
10. sugo	20. buchi	30. mesce	

H. *Circle the word that you hear, stopping the tape as necessary to check your answers. See the Answer Key.*

1. dona	4. pica	7. caccio	10. faro
2. motto	5. sete	8. fuga	11. ridda
3. penna	6. bella	9. pala	12. papa

◆ I NUMERI DA 0 A 100

I. *You will hear a series of numbers. Using arabic numerals (as opposed to roman numerals), write the numbers that you hear. You may stop the tape as necessary. To check your answers, see the Answer Key.*

1. tredici
2. otto
3. dieci
4. cinque
5. quattro
6. due
7. undici
8. diciotto
9. trenta
10. ventotto
11. quaranta
12. sedici
13. cinquantanove
14. quindici
15. ottantuno
16. sessantasei
17. cento
18. settantasette
19. diciassette
20. novantatrè
21. diciannove

Capitolo 1

L'università

 PER COMINCIARE

A. **Ripasso. Ascolta e scrivi. (*Listen and write.*)** *You will hear a series of words. Write each one, stopping the tape as necessary. To check what you have written, see the Answer Key.*

1. ago	6. cella	11. pacchi	16. schietto
2. gioco	7. ghiro	12. giace .	17. sciame
3. guscio	8. chiesa	13. lacca	18. raschia
4. giallo	9. ghiaccio	14. germe	
5. scrivo	10. china	15. scuola	

B. **Ripasso.** *You will hear several pairs of words. Circle the word you hear, stopping the tape as necessary. To check what you have written, see the Answer Key.*

1. meta / metta	4. regge / regge	7. tufo / tuffo	10. topo / toppo
2. cela / cella	5. cola / colla	8. geme / gemme	11. rupe / ruppe
3. pane / panne	6. dona / donna	9. avremo / avremmo	12. gala / galla

 INCONTRI

C. **Conversazione.** *You will hear a conversation twice. Listen carefully the first time. When you hear it a second time, write what you hear, stopping the tape as necessary. To check what you have written, see the Answer Key.*

VITO: Buon giorno, mi chiamo Vito. E tu?
ANNA: Io sono Anna Rossi.
VITO: Piacere.
ANNA: Piacere. Sei americano?

Vito: No, sono italiano. E tu, di dove sei?
Anna: Sono di Milano.

PRESENTE DEL VERBO *ESSERE* E PRONOMI SOGGETTO

D. Il verbo essere. *Listen to the conjugation of* **essere** *and repeat each form as you hear it.*

io sono   noi siamo
tu sei   voi siete
lui è / lei è   loro sono

E. Di dove sono? *You will hear about where people are from. In each case, listen carefully to the form of essere and write the form you hear. To check what you have written, see the Answer Key.*

1. Marcello è di Napoli.
2. Riccardo e io siamo di Firenze.
3. Angela e Enrico sono di Roma.
4. Tu sei di Urbino.
5. Chi è di Assisi?
6. Luciano e Flavia, voi siete di Milano?
7. Mi chiamo Piera. Sono di Ancona.
8. Signorina Giusti, di dov'è Lei?

F. Dove sono? *You will hear about where people are. In each case, listen carefully to the form of* **essere** *and write the corresponding subject pronoun. To check what you have written, see the Answer Key.*

1. Siamo in biblioteca.
2. Vincenzo, sei a Pesaro?
3. Gemma e Isabella sono in palestra.

4. Dov'è Stefano?
5. E dov'è Fiorenza?
6. Beppe e Paolo, siete in via Tomba?

NEGAZIONE

G. Sì e no. *You will hear a series of questions. Answer each one affirmatively, then negatively. You will hear a confirmation of each response.*

Modello   La signora Barducci è a casa?
          Sì, è a casa.
          No, non è a casa.

1. Rita è di Urbino? / Sì, è di Urbino. / No, non è di Urbino.
2. Carlo e Claudia sono in palestra? / Sì, sono in palestra. / No, non sono in palestra.

3. Il professor Rinaldi è in classe? / Sì, è in classe. / No, non è in classe.
4. Siamo in Piazza della Repubblica? / Sì, siamo in Piazza della Repubblica. / No, non siamo in Piazza della Repubblica.
5. Sei in via Raffaello? / Sì, sei in via Raffaello. / No, non sei in via Raffaello.
6. C'è uno stadio a Pesaro? / Sì, c'è uno stadio a Pesaro. / No, non c'è uno stadio a Pesaro.

ARTICOLO INDETERMINATIVO

H. *You will hear a series of nouns. For each one, provide the corresponding indefinite article. You will hear a confirmation of each response.*

1. studente / uno studente
2. studentessa / una studentessa
3. amica / un'amica
4. vino / un vino
5. piazza / una piazza
6. libro / un libro
7. sport / uno sport
8. professore / un professore
9. biblioteca / una biblioteca
10. calcolatrice / una calcolatrice
11. parcheggio / un parcheggio
12. signora / una signora
13. mensa / una mensa
14. orologio / un orologio
15. stadio / uno stadio

AGGETTIVI

I. **Uno poi (*then*) due.** *You will hear a series of phrases that describe a single item or person. Change each phrase to describe two items or persons. You will hear a confirmation of each response.*

MODELLO   un ragazzo calmo
due ragazzi calmi

1. un libro italiano / due libri italiani
2. una ragazza generosa / due ragazze generose
3. un ristorante francese / due ristoranti francesi
4. uno studente americano / due studenti americani
5. un professore responsabile / due professori responsabili
6. una libreria giapponese / due librerie giapponesi

J. **Due poi (*then*) uno.** *You will hear a series of phrases that describe two items or persons. Change each phrase to describe a single item or person. You will hear a confirmation of each response.*

MODELLO   due quaderni gialli
un quaderno giallo

1. due matite rosse / una matita rossa

2. due gatti neri / un gatto nero
3. due finestre verdi / una finestra verde
4. due ragazzi divertenti / un ragazzo divertente
5. due giornali svedesi/ un giornale svedese
6. due studentesse intelligenti / una studentessa intelligente

AGGETTIVI CHE PRECEDONO I NOMI

K. **Correzioni.** *Today you feel like correcting people you believe are misinformed. Revise each statement you hear by saying the opposite. In each case, pay special attention to the position of the adjective or adjectives. You will hear a confirmation of each response.*

MODELLO   Giorgio è un bravo studente.
No, è un cattivo studente.

1. La Honda Civic è una grande macchina / No, è una piccola macchina.
2. Fifi è un bravo gatto. / No, è un cattivo gatto.
3. Urbino è una nuova città. / No, è una vecchia città.
4. Alberto è un ragazzo alto e bruno. / No, è un ragazzo basso e biondo.
5. Fido è un cane giovane e bello. / No, è un cane vecchio e brutto.
6. Angela è una brava studentessa calma. / No, è una cattiva studentessa nervosa.

PLURALI IRREGOLARI

L. **La città di Laura.** *Laura's hometown has two of everything. As you ask her about certain buildings and places, she tells you how many there are. Give Laura's responses. You will hear a confirmation of each.*

MODELLO   C'è una biblioteca?
No, ci sono due biblioteche.

1. C'è un albergo?/ No, ci sono due alberghi.
2. C'è una università? / No, ci sono due università.
3. C'è una discoteca? / No, ci sono due discoteche.
4. C'è un parco? / No, ci sono due parchi.
5. C'è un parcheggio? / No, ci sono due parcheggi.
6. C'è un ristorante tedesco? / No, ci sono due ristoranti tedeschi.

Capitolo 2

Il mondo del lavoro

◆ PER COMINCIARE

A. *Circle the word that you hear, stopping the tape as necessary. To check your answers, see the Answer Key.*

1. rida
2. molo
3. pappa
4. corri
5. fioco

6. piovve
7. fumo
8. folla
9. metta
10. regia

11. lotto
12. pena
13. cucce
14. velo

B. *Circle the word that you hear, paying special attention to the pronunciation of single and double* **s.** *Remember that when a single* **s** *comes between two vowels, it has a sound like* **z** *in English "zoo." To check your answer, see the Answer Key.*

1. poso
2. casse
3. resa

4. tessi
5. mese
6. lesso

C. *Write down the word that you hear. To check what you have written, see the Answer Key.*

1. schietto
2. gabbia
3. ciccia
4. scialle
5. ruga
6. pece
7. ghiotto
8. crusca
9. fiacco

10. esca
11. ascia
12. guaio
13. chioccia
14. baffo
15. giunge
16. chiasso
17. scroscio
18. faggio

◆ ARTICOLO DETERMINATIVO

D. *You will hear a series of words. Say the definite article for each word you hear. You will hear a confirmation of each response.*

1. negozio—il negozio
2. zaino—lo zaino
3. aeroporto—l'aeroporto
4. scuola—la scuola
5. fotografa—la fotografa
6. scuole—le scuole
7. spiaggia—la spiaggia
8. commessa—la commessa
9. ristoranti—i ristoranti
10. azienda—l'azienda
11. vestiti—i vestiti
12. bibita—la bibita
13. colloquio—il colloquio
14. casa—la casa
15. attrice—l'attrice

◆ PRESENTE DI *AVERE*

E. *Listen to the present tense conjugation of **avere un lavoro,** to have a job, and repeat each form.*

Io ho un lavoro.
Tu hai un lavoro.
Lui ha un lavoro.

Noi abbiamo un lavoro.
Voi avete un lavoro.
Loro hanno un lavoro.

F. *Listen to the present tense conjugation of **avere un libro,** to have a book, and repeat each form.*

Io ho un libro
Tu hai un libro.
Lui ha un libro.

Noi abbiamo un libro.
Voi avete un libro.
Loro hanno un libro.

G. *For each subject pronoun that you hear, say the corresponding form of the present tense of **avere**. You will hear a confirmation of each response.*

1. voi -avete
2. loro-hanno
3. noi-abbiamo
4. io-ho
5. lui-ha
6. tu-hai
7. lo studente-ha
8. Maria ed io-abbiamo
9. le studentesse-hanno
10. Giovanni-ha

Capitolo 3

La famiglia italiana

PER COMINCIARE

A. *Write down the word that you hear. To check what you have written, see the Answer Key.*

1. ciuffo	6. mole	11. scricchio	16. giunco
2. raggio	7. molla	12. biscia	17. ghiaia
3. sciame	8. scempio	13. regio	18. scuoio
4. scimmie	9. granchio	14. giace	
5. picchi	10. giunco	15. asce	

AGGETTIVI POSSESSIVI

B. *You will hear a series of sentences. Restate the sentences using a possessive adjective to indicate possession by the subject and make it agree with the thing possessed. You will hear a confirmation of each response.*

> **MODELLO** Io ho due amici. *I miei amici.*
> Tu hai un'amica. *La tua amica.*

1. Noi abbiamo una lezione.—La nostra lezione.
2. Voi avete due corsi.—I vostri corsi.
3. Lui ha quattro amiche. Le sue amiche.
4. Io ho sei gatti.—I miei gatti.
5. Tu hai un orologio.—Il tuo orologio.
6. Loro hanno due zie.—Le loro zie.
7. Io ho una professoressa.—La mia professoressa.
8. Noi abbiamo due giornali.—I nostri giornali.
9. Loro hanno una biblioteca.—La loro biblioteca.
10. Voi avete una conferenza.—La vostra conferenza.

Write possessives on board –

Step after sentence.

: if we have a lesson, it's our lesson → la nostra lezione

If y'all have two courses, whose courses are they?

11. Io ho due amici.—I miei amici.
12. Tu hai quattro quaderni. —I tuoi quaderni.
13. Lei ha tre libri.—I suoi libri.
14. Noi abbiamo sei penne.—Le nostre penne.
15. Loro hanno un'azienda.—La loro azienda.
16. Io ho due case.—Le mie case.
17. Lui ha tre uffici.—I suoi uffici.
18. Tu hai due vestiti.—I tuoi vestiti.

PRESENTE INDICATIVO DEI VERBI REGOLARI IN *-ARE* E *-ERE*

C. *Listen to the present tense conjugation of **comprare il libro**, to buy the book, and repeat each form.*

Io compro il libro.   Noi compriamo il libro.
Tu compri il libro.   Voi comprate il libro.
Lui compra il libro.   Loro comprano il libro.

D. *Listen to the present tense conjugation of **ballare bene**, to dance well, and repeat each form.*

Io ballo bene.   Noi balliamo bene.
Tu balli bene.   Voi ballate bene.
Lei balla bene.   Loro ballano bene.

E. *Say the present tense forms of **invitare i parenti**, to invite the relatives, that correspond to the subject that you hear. You will hear a confirmation of each response.*

1. noi—invitiamo i parenti
2. loro—invitano i parenti
3. io—invito i parenti
4. Carlo—invita i parenti
5. voi—invitate i parenti
6. tu—inviti i parenti
7. gli zii—invitano i parenti
8. lei—invita i parenti

F. *Say the present tense forms of **parlare italiano**, to speak Italian, that correspond to the subject that you hear. You will hear a confirmation of each response.*

1. lei—parla italiano
2. loro—parlano italiano
3. io—parlo italiano
4. noi—parliamo italiano
5. gli amici—parlano italiano
6. Marco ed io—parliamo italiano
7. voi—parlate italiano
8. tu—parli italiano

G. *Repeat the present tense conjugation of **ricevere un regalo**, to receive a present.*

Io ricevo un regalo.   Noi riceviamo un regalo.
Tu ricevi un regalo.   Voi ricevete un regalo.
Lei riceve un regalo.   Loro ricevono un regalo.

H. *Repeat the present tense conjugation of **prendere un caffè**, to have a cup of coffee.*

Io prendo un caffè.   Noi prendiamo un caffè.
Tu prendi un caffè.   Voi prendete un caffè.
Lui prende un caffè.   Loro prendono un caffè.

I. *Give the present tense forms of **ripetere la parola**, to repeat the word, that correspond to the subject that you hear. You will hear a confirmation of each response.*

1. noi—ripetiamo la parola
2. io—ripeto la parola
3. la mamma—ripete la parola
4. loro—ripetono la parola
5. voi—ripetete la parola
6. lui—ripete la parola
7. tu—ripeti la parola
8. le ragazze—ripetono la parola

J. *Give the present tense forms of **scrivere una lettera**, to write a letter, that correspond to the subject that you hear. You will hear a confirmation of each response.*

1. voi—scrivete una lettera
2. Giovanni—scrive una lettera
3. io—scrivo una lettera
4. tu—scrivi una lettera
5. noi—scriviamo una lettera
6. lui—scrive una lettera
7. loro—scrivono una lettera
8. gli amici—scrivono una lettera

Capitolo 4

Le compere: negozi e mercati

PER COMINCIARE

A. *Write down the word that you hear. To check what you have written, see the Answer Key.*

1. chioccia
2. giulivo
3. schiocca
4. accoscia
5. scialuppa
6. giocattolo
7. risucchia
8. fuggiasco
9. fiaschi
10. acciaio
11. ghiottone
12. cucchiaio
13. aggeggio
14. sciacallo
15. ghiandola
16. sguazzare

INCONTRI

B. *After studying the dialogues on pp. 91–92, answer the questions that you hear in the spaces provided. Stop the tape after each question to write your answer. You are first purchasing a shirt at a clothing store, then a kilo of broccoli and half a kilo of tomatoes at the* **fruttivendolo***. To check what you have written, see the Answer Key.*

COMMESSA:	Buon giorno. Cosa desidera?
COMMESSA:	Che taglia ha?
COMMESSA:	Vuole provare questa di Armani?
COMMESSA:	Le sta bene!
COMMESSA:	80.000 lire.

how would you answer?

FRUTTIVENDOLO:	Buon giorno. Desidera?
FRUTTIVENDOLO:	Ho dei bei broccoli freschi.
FRUTTIVENDOLO:	5.200 al chilo. Ha bisogno d'altro?
FRUTTIVENDOLO:	Oggi non ho pomodori, ma ho dei fagiolini molto freschi.
FRUTTIVENDOLO:	Sono 8.500. Ecco lo scontrino.

PRESENTE INDICATIVO DEI VERBI IN *-IRE*

C. *Listen to the present tense conjugation of **dormire molto,** to sleep a lot, and repeat each form.*

Io dormo molto.	Noi dormiamo molto.
Tu dormi molto.	Voi dormite molto.
Lui dorme molto.	Loro dormono molto.

D. *Listen to the present tense conjugation of **finire tutto,** to finish everything, and repeat each form.*

Io finisco tutto.	Noi finiamo tutto.
Tu finisci tutto.	Voi finite tutto.
Lui finisce tutto.	Loro finiscono tutto.

E. *Say the present tense form of **partire** that corresponds to the subject that you hear. You will hear a confirmation of each response.*

1. tu—tu parti
2. voi—voi partite
3. loro—loro partono
4. gli amici—gli amici partono
5. io—io parto
6. Alberto—Alberto parte
7. noi—noi partiamo
8. tu—tu parti

F. *Say the present tense form of **capire** that corresponds to the subject that you hear. You will hear a confirmation of each response.*

1. noi—noi capiamo
2. io—io capisco
3. tu—tu capisci
4. il fruttivendolo—il fruttivendolo capisce
5. loro—loro capiscono
6. le zie—le zie capiscono
7. voi—voi capite
8. Lei, Signor Carli—Lei, Signor Carli, capisce

NUMERI CARDINALI DA 100 IN SU

G. *You will hear a series of numbers. Using arabic numbers, write down the numbers that you hear. To check what you have written, see the Answer Key.*

1. 56	6. 619	11. 1.005	16. 78.907	21. 105.466
2. 78	7. 811	12. 17.401	17. 31.018	22. 601.002
3. 63	8. 107	13. 41.328	18. 593.126	23. 13.809
4. 92	9. 776	14. 16.012	19. 758.013	24. 52.187
5. 234	10. 3.516	15. 58.261	20. 902.017	

La donna italiana

 PASSATO PROSSIMO CON *AVERE*

A. *You will hear a verb in a present tense form. Say the corresponding form of the present perfect. You will hear a confirmation of each response.*

1. io guardo—io ho guardato
2. loro finiscono—loro hanno finito
3. tu parli—tu hai parlato
4. noi mangiamo—noi abbiamo mangiato
5. voi ripetete—voi avete ripetuto
6. lui ascolta—lui ha ascoltato
7. loro comprano—oro hanno comprato
8. io dormo—io ho dormito
9. tu capisci—tu hai capito
10. noi paghiamo—noi abbiamo pagato
11. lei compra—lei ha comprato
12. voi ricevete—voi avete ricevuto
13. tu dimentichi—tu hai dimenticato
14. noi viaggiamo—noi abbiamo viaggiato
15. io studio—io ho studiato
16. loro vedono—loro hanno duto
17. voi pulite—voi avete pulito
18. lui ha—lui ha avuto

 PASSATO PROSSIMO CON *ESSERE*

B. *You will hear a verb in a present tense form. Say the corresponding form of the present perfect. If the subject is **io** or **noi** make the past participle agree with your gender (male or female). You will hear a confirmation of each response.*

1. io sono—io sono stato; io sono stata
2. Marco va—Marco è andato
3. tu, mamma, ritorni—tu, mamma, sei ritornata
4. noi arriviamo—noi siamo arrivati; noi siamo arrivate
5. i ragazzi partono—i ragazzi sono partiti
6. voi, bambine, entrate—voi, bambine, siete entrate
7. io vado—io sono andato; io sono andata
8. Maria resta—Maria è restata
9. tu, mamma, arrivi—tu, mamma, sei arrivata
10. noi entriamo—noi siamo entrati; noi siamo entrate
11. i parenti vanno—i parenti sono andati
12. voi, ragazze, ritornate—voi, ragazze, siete ritornate

C. *You will hear a verb in a present tense form. Say the corresponding form of the present perfect, remembering to use the correct helping verb, either* **essere** *or* **avere.** *If the subject is* **io** *or* **noi,** *and the verb is conjugated with* **essere,** *make the past participle agree with your gender (male or female). You will hear a confirmation of each response.*

1. io ritorno—io sono ritornato; io sono ritornata
2. oi ascoltiamo—noi abbiamo ascoltato
3. loro ballano—loro hanno ballato
4. tu, babbo, parti—tu, babbo, sei partito
5. voi aspettate—voi avete aspettato
6. Carlo ascolta—Carlo ha ascoltato
7. le ragazze entrano—le ragazze sono entrate
8. tu, zio, lavori—tu, zio, hai lavorato
9. noi ripetiamo—noi abbiamo ripetuto
10. io vado—io sono andato; io sono andata
11. voi vedete—voi avete veduto
12. la mamma arriva—la mamma è arrivata
13. io mangio—io ho mangiato
14. noi studiamo—noi abbiamo studiato
15. le zie vanno—le zie sono andate
16. tu dormi—tu hai dormito

Capitolo 6

Le vacanze

◆ AGGETTIVI DIMONSTRATIVI: *QUESTO/QUELLO*

A. *Using a demonstrative pronoun—a form of quello—say that you want that one instead of this. You will hear a confirmation of each response.*

MODELLO   Desideri quest'orologio?
No, desidero quello.

1. Desideri questo zaino?—No, desidero quello.
2. Desideri questa valigia?—No, desidero quella.
3. Desideri queste camere?—No, desidero quelle.
4. Desideri questi regali?—No, desidero quelli.
5. Desideri questa torta?—No, desidero quella.
6. Desideri questi libri?—No, desidero quelli.
7. Desideri questa penna?—No, desidero quella.
8. Desideri queste bibite?—No, desidero quelle.
9. Desideri questo vestito?—No, desidero quello.
10. Desideri questa casa?—No, desidero quella.

B. *Using a demonstrative adjective—a form of **quello**—say that you are having that or those instead of this one. You will hear a confirmation of each response.*

MODELLO   Prendi questo giornale?
No, prendo quel giornale.

1. Prendi questo orologio?—No, prendo quell'orologio.
2. Prendi questi colori?—No, prendo quei colori.
3. Prendi questa sedia?—No, prendo quella sedia.
4. Prendi questo zaino?—No, prendo quello zaino.
5. Prendi questi giornali?—No, prendo quei giornali.
6. Prendi quest'agenda?—No, prendo quell'agenda.
7. Prendi questo albergo?—No, prendo quell'albergo.

8. Prendi queste sedie?—No, prendo quelle sedie.
9. Prendi questi bagagli?—No, prendo quei bagagli.
10. Prendi queste matite?—No, prendo quelle matite.

GLI AGGETTIVI *BUONO* E *BELLO*

C. *Answer the question positively, adding a form of* **bello** *preceding the noun. You will hear a confirmation of each response.*

MODELLO   C'è una pensione?
Sì, c'è una bella pensione.

1. C'è un ostello?—Sì, c'è un bell'ostello.
2. C'è un'isola?—Sì, c'è una bell' isola.
3. C'è una tenda?—Sì, c'è una bella tenda.
4. Ci sono i vini?—Sì, ci sono i bei vini.
5. Ci sono le terme?—Sì, ci sono le belle terme.
6. Ci sono i ragazzi italiani?—Sì, ci sono i bei ragazzi italiani.
7. C'è un'offerta?—Sì, c'è una bell'offerta.
8. Ci sono gli alberghi?—Sì, ci sono i begli alberghi.
9. C'è il sacco a pelo?—Sì, c'è il bel sacco a pelo.
10. Ci sono le piazze?—Sì, ci sono le belle piazze.

VERBI IRREGOLARI: *STARE, FARE, DARE, ANDARE*

D. *Listen to the present tense conjugation of* **stare bene,** *to be well, and repeat each form.*

Io sto bene.	Noi stiamo bene.
Tu stai bene.	Voi state bene.
Lui sta bene.	Loro stanno bene.

E. *Listen to the present tense conjugation of* **stare al campeggio,** *to be at the campsite, and repeat each form.*

Io sto al campeggio.	Noi stiamo al campeggio.
Tu stai al campeggio.	Voi state al campeggio.
Lei sta al campeggio.	Loro stanno al campeggio.

F. *Say the present tense form of* **stare a casa** *that corresponds to the subject that you hear. You will hear a confirmation of each response.*

1. noi—noi stiamo a casa
2. tu—tu stai a casa

3. io—io sto a casa
4. loro—loro stanno a casa
5. lei—lei sta a casa
6. voi—voi state a casa
7. gli studenti—gli studenti stanno a casa
8. Maria ed io—Maria ed io stiamo a casa

G. *Listen to the present tense conjugation of* **fare una vacanza,** *to take a vacation, and repeat each form.*

Io faccio una vacanza.   Noi facciamo una vacanza.
Tu fai una vacanza.   Voi fate una vacanza.
Lei fa una vacanza.   Loro fanno una vacanza.

H. *Listen to the present tense conjugation of* **fare la torta,** *to make the cake, and repeat each form.*

Io faccio la torta.   Noi facciamo la torta.
Tu fai la torta.   Voi fate la torta.
Lei fa la torta.   Loro fanno la torta.

I. *Say the present tense form of* **fare** *that corresponds to the subject that you hear. You will hear a confirmation of each response.*

1. tu— tu fai   5. loro—loro fanno
2. io—io faccio   6. voi—voi fate
3. noi—noi facciamo   7. il professore—il professore fa
4. lui—lui fa   8. gli amici— gli amici fanno

J. *Listen to the present tense conjugation of* **dare un regalo,** *to give a present, and repeat each form.*

Io do un regalo.   Noi diamo un regalo.
Tu dai un regalo.   Voi date un regalo.
Lei dà un regalo.   Loro danno un regalo.

K. *Listen to the present tense conjugation of* **dare una festa,** *to give a party, and repeat each form.*

Io do una festa.   Voi date una festa.
Tu dai una festa.   Noi diamo una festa.
Lui dà una festa.   Loro danno una festa.

L. *Say the present tense forms of* **dare l'esame** *that correspond to the subject that you hear. You will hear a confirmation of each response.*

1. io—io do l'esame   6. tu—tu dai l'esame
2. loro—loro danno l'esame   7. le cugine—le cugine danno l'esame
3. voi—voi date l'esame   8. l'amica—l'amica dà l'esame
4. noi—noi diamo l'esame
5. lei—lei dà l'esame

M. *Listen to the present tense conjugation of **andare in Italia,** to go to Italy, and repeat each form.*

Io vado in Italia.   Noi andiamo in Italia.
Tu vai in Italia.   Voi andate in Italia.
Lei va in Italia.   Loro vanno in Italia.

N. *Listen to the present tense conjugation of **andare alla spiaggia,** to go to the beach, and repeat each form.*

Io vado alla spiaggia.   Noi andiamo alla spiaggia.
Tu vai alla spiaggia.   Voi andate alla spiaggia.
Lui va alla spiaggia.   Loro vanno alla spiaggia.

O. *Say the present tense form of **andare in macchina** that corresponds to the subject that you hear. You will hear a confirmation of each response.*

1. tu—tu vai in macchina
2. loro—loro vanno in macchina
3. voi—voi andate in macchina
4. io—io vado in macchina
5. noi—noi andiamo in macchina
6. lei—lei va in macchina
7. le zie—le zie vanno in macchina
8. la professoressa—la professoressa va in macchina

PRONOMI POSSESSIVI

P. *Say the possessive pronoun (preceded by the correct definite article) that completes each sentence logically. You will hear a confirmation of each response.*

MODELLO   Io ho il mio quaderno: tu hai   *il tuo.*

1. Noi abbiamo i nostri biglietti: voi avete—i vostri.
2. Loro hanno la loro macchina: tu hai—la tua.
3. Tu hai i tuoi amici: io ho—i miei.
4. Lui ha la sua macchina fotografica: noi abbiamo—la nostra.
5. Io ho i miei professori: lui ha—i suoi.
6. Voi avete le vostre amiche: noi abbiamo—le nostre.
7. Tu hai i tuoi vestiti: loro hanno—i loro.
8. Noi abbiamo le nostre bibite: lei ha—le sue.
9. Loro hanno i loro orari: tu hai—i tuoi.
10. Lei ha le sue amiche: io ho—le mie.

Capitolo 7

Il tempo libero: i passatempi e lo sport

PRESENTE DEI VERBI RIFLESSIVI

A. *Listen to the present tense conjugation of **alzarsi presto**, to get up early, and repeat each form.*

Io mi alzo presto.	Noi ci alziamo presto.
Tu ti alzi presto.	Voi vi alzate presto.
Lui si alza presto.	Loro si alzano presto.

B. *Listen to the present tense conjugation of **vestirsi bene**, to dress well, and repeat each form.*

Io mi vesto bene.	Noi ci vestiamo bene.
Tu ti vesti bene.	Voi vi vestite bene.
Lei si veste bene.	Loro si vestono bene.

C. *Say the present tense form of the reflexive verb **riposarsi** that corresponds to the subject that you hear. You will hear a confirmation of each response.*

1. voi-voi vi riposate	5. lei-lei si riposa
2. loro-loro si riposano	6. noi-noi ci riposiamo
3. io-io mi riposo	7. i fratelli-i fratelli si riposano
4. tu-tu ti riposi	8. la mamma-la mamma si riposa

D. *Answer each question affirmatively or negatively. You will hear a confirmation of each response.*

MODELLO Ti diverti alle feste? Sí, mi diverto alle feste. No, non mi diverto alle feste.

1. Ti svegli spesso alle sei della mattina? Sí, mi sveglio presto, ecc.
2. Ti annoi a una partita di calcio?
3. Ti laurei quest'anno?
4. Ti innamori spesso?
5. Desideri sposarti presto?

7. Desideri riposarti questo pomeriggio?
8. Ti addormenti in classe?

PASSATO PROSSIMO DEI VERBI RIFLESSIVI E RECIPROCI

E. *Listen to the questions in the present tense and answer affirmatively (sì...) in the present perfect. Be sure to make the agreement in the past participle. You will hear a confirmation of each response.*

MODELLO   Mario e Lina si sposano?
           Sì, si sono sposati.

1. Ti diverti?—Sì, mi sono divertito. Mi sono divertita.
2. Marco si fa la barba?—Sì, si è fatto la barba.
3. Maria si mette il vestito?—Sì, si è messa il vestito.
4. Voi vi alzate presto?—Sì, ci siamo alzati presto. Ci siamo alzate presto.
5. Gino e Lino si vedono alla partita?—Sì, si sono veduti alla partita.
6. Voi vi telefonate sabato sera?—Sì, ci siamo telefonati sabato sera. Ci siamo telefonate sabato sera.
7. Ti addormenti presto?—Sì, mi sono addormentato presto. Mi sono addormentata presto.
8. Maria si annoia in classe?—Sì, Maria si è annoiata in classe.

VERBI SERVILI IRREGOLARI: *DOVERE, POTERE, VOLERE*

F. *Listen to the present tense conjugation of **dovere**, to have to, and repeat each form.*

Io devo	Noi dobbiamo
Tu devi	Voi dovete
Lui deve	Loro devono

G. *Listen to the present tense conjugation of **dovere lavorare**, to have to work, and repeat each form.*

Io devo lavorare.	Noi dobbiamo lavorare.
Tu devi lavorare.	Voi dovete lavorare.
Lei deve lavorare.	Loro devono lavorare.

H. *Give the present tense forms of **dovere mangiare** that correspond to the subjects that you hear. You will hear a confirmation of each response.*

1. noi-noi dobbiamo mangiare
2. io-io devo mangiare
3. loro-loro devono mangiare
4. voi-voi dovete mangiare
5. tu-tu devi mangiare
6. lei-lei deve mangiare
7. Luisa ed io-Luisa ed io dobbiamo mangiare
8. i cugini-i cugini devono mangiare

I. *Listen to the present tense conjugation of **potere,,** to be able, (can), and repeat each form.*

Io posso	Noi possiamo
Tu puoi	Voi potete
Lui può	Loro possono

J. *Listen to the present tense conjugation of **potere guidare,** to be able to be allowed to drive, and repeat each form.*

Io posso guidare.	Noi possiamo guidare.
Tu puoi guidare.	Voi potete guidare.
Lui può guidare.	Loro possono guidare.

K. *Say the present tense forms of **potere nuotare** that correspond to the subject that you hear. You will hear a confirmation of each response.*

1. io-io posso nuotare
2. loro-loro possono nuotare
3. noi-noi possiamo nuotare
4. lei-lei può nuotare
5. voi-voi potete nuotare
6. tu-tu puoi nuotare
7. la mamma-la mamma può nuotare
8. i genitori-i genitori possono nuotare

L. *Listen to the present tense conjugation of **volere,** to want, and repeat each form.*

Io voglio	Noi vogliamo
Tu vuoi	Voi volete
Lei vuole	Loro vogliono

M. *Listen to the present tense conjugation of **volere sciare,** to want to ski, and repeat each form.*

Io voglio sciare.	Noi vogliamo sciare.
Tu vuoi sciare.	Voi volete sciare.
Lei vuole sciare.	Loro vogliono sciare.

N. *Say the present tense forms of **volere giocare** that correspond to the subject that you hear. You will hear a confirmation of each response.*

1. noi-noi vogliamo giocare
2. gli studenti-gli studenti vogliono giocare
3. io-io voglio giocare
4. Anna-Anna vuole giocare
5. voi-voi volete giocare
6. tu-tu vuoi giocare
7. lei-lei vuole giocare
8. loro-loro vogliono giocare

Capitolo 8

Il Carnevale

◆ PREPOSIZIONI SEMPLICI E ARTICOLATE

A. *Look at the picture, then listen carefully to the questions and respond by saying where the various objects are in the room. You will then hear the correct response.*

1. Dov'è lo studente?—Lo studente è nella camera.
2. Dove sono i libri?—I libri sono sulla scrivania. *scaffale*
3. Dove sono le matite?—Le matite sono nello zaino. *sulla scrivanie*
4. Dov'è la penna?—La penna è sulla sedia. *vicino ae Tavolo* *il quaderno*
5. Dov'è il giornale?—Il giornale è sui libri. *letto*
6. Dov'è la fotografia?—La fotografia è sulla porta. *muro*

Dove' specchio —   i dischi (sotto lo stereo)   calendario la calcolatri

B. *You will hear a series of nouns followed by a preposition. Give the correct compound preposition. You will hear a confirmation of each response.*

MODELLO   mostra / a   *alla mostra*

1. stadio / in—nello stadio
2. lezione / di—della lezione
3. mensa / a—alla mensa
4. professoressa / da—dalla professoressa
5. palestra / in—nella palestra
6. cinema / a— al cinema
7. giornale / in—nel giornale
8. sport / di—dello sport
9. amico / da—dall'amico
10. storia / in—nella storia
11. orologio / su—sull'orologio
12. agenda / di —dell'agenda
13. appuntamento / a— all'appuntamento
14. cugini / a—ai cugini

15. capelli / su—sui capelli
16. collo / a—al collo
17. piede / di—del piede
18. amici / da—dagli amici

 PARTITIVO

C. *You will hear a series of questions that offers you something. Answer positively using a form of the partitive different from the one you hear. You will hear a confirmation of each response.*

MODELLO   Vuoi del pane?
          Sì, voglio un po' di pane.

1. Vuoi del caffè?—Sì, voglio un po' di caffè.
2. Vuoi della carne?—Sì, voglio un pò di carne.
3. Vuoi un po' di mozzarella?—Sì, voglio della mozzarella.
4. Vuoi qualche fragola?—Sì, voglio alcune fragole, delle fragole.
5. Vuoi qualche banana?—Sì, voglio alcune banane; delle banane.
6. Vuoi alcuni meloni?—Sì, voglio qualche melone, dei meloni.
7. Vuoi un po' d'uva?—Sì, voglio dell'uva.
8. Vuoi del formaggio?—Sì, voglio un po' di formaggio.
9. Vuoi alcune mele?—Sì, voglio qualche mela; delle mele.
10. Vuoi del pesce?—Sì, voglio un po' di pesce.

 VERBI IRREGOLARI: *DIRE, USCIRE, VENIRE*

D. *Listen to the conjugation of* **dire buon giorno,** *to say good day, and repeat each form.*

Io dico buon giorno.   Noi diciamo buon giorno.
Tu dici buon giorno.   Voi dite buon giorno.
Lui dice buon giorno.   Loro dicono buon giorno.

E. *Listen to the conjugation of* **dire ciao,** *to say hi, and repeat each form.*

Io dico ciao.   Noi diciamo ciao.
Tu dici ciao.   Voi dite ciao.
Lei dice ciao.   Loro dicono ciao.

F. *Give the correct present tense form of* **dire** *that corresponds to the subject that you hear. You will hear a confirmation of each response.*

1. io-io dico
2. noi-noi diciamo
3. loro-loro dicono
4. Pietro-Pietro dice

5. Lui-lui dice
6. gli studenti-gli studenti dicono
7. tu-tu dici
8. voi-voi dite

G. *Listen to the present tense conjugation of* **uscire presto,** *to leave early, and repeat each form.*

Io esco presto.
Tu esci presto.
Lei esce presto.

Noi usciamo presto.
Voi uscite presto.
Loro escono presto.

H. *Listen to the present tense conjugation of* **uscire in macchina,** *to go out in a car, and repeat each form.*

Io esco in macchina.
Tu esci in macchina.
Lei esce in macchina.

Noi usciamo in macchina.
Voi uscite in macchina.
Loro escono in macchina.

I. *Give the correct present tense form of* **uscire** *that corresponds to the subject that you hear. You will hear a confirmation of each response.*

1. la mamma—la mamma esce
2. noi—noi usciamo
3. io—io esco
4. loro—loro escono
5. tu—tu esci
6. Giovanni ed io—Giovanni ed io usciamo
7. Voi—voi uscite
8. lui—lui esce

J. *Listen to the present tense conjugation of* **venire alla spiaggia,** *to come to the beach, and repeat each form.*

Io vengo alla spiaggia.
Tu vieni alla spiaggia.
Lei viene alla spiaggia.

Noi veniamo alla spiaggia.
Voi venite alla spiaggia.
Loro vengono alla spiaggia.

K. *Listen to the present tense conjugation of* **venire da Franco,** *to come to Franco's house, and repeat each form.*

Io vengo da Franco.
Tu vieni da Franco.
Lui viene da Franco.

Noi veniamo da Franco.
Voi venite da Franco.
Loro vengono da Franco.

L. *Give the present tense form of* **venire** *that corresponds to the subject that you hear. You will hear a confirmation of each response.*

1. loro—loro vengono
2. il babbo ed io—il babbo ed io veniamo
3. voi—voi venite

4. tu—tu vieni
5. io—io vengo
6. il professore—il professore viene
7. noi—noi veniamo
8. lei—lei viene

Capitolo 9

Le feste italiane

 PRONOMI DIRETTI

A. *Listen, and answer the questions negatively using a direct object pronoun instead of the noun. You will then hear a confirmation of each response.*

> MODELLO Vuoi il costume?
>
> *No, non lo voglio.*

1. Vuoi l'assegno?—No, non lo voglio.
2. Vuoi il portafoglio?—No, non lo voglio.
3. Vuoi il sacco a pelo?—No, non lo voglio.
4. Vuoi la valigia?—No, non la voglio.
5. Vuoi la tenda?—No, non la voglio.
6. Vuoi la maschera?—No, non la voglio.
7. Vuoi le scarpe?—No, non le voglio.
8. Vuoi i biglietti?—No, non li voglio.
9. Vuoi le cartine?—No, non le voglio.
10. Vuoi le felpe?—No, non le voglio.
11. Vuoi la canzone?—No, non la voglio.
12. Vuoi il pesce?—No, non lo voglio.

B. *Answer the questions affirmatively using a pronoun instead of the noun, and attaching the pronoun to the infinitive after dropping the final -e. You will hear a confirmation of each response.*

> MODELLO Puoi vedere Lucia?
>
> *Sì, posso vederla.*

1. Puoi prenotare la camera?—Sì, posso prenotarla.
2. Puoi fare il bagaglio?—Sì, posso farlo.
3. Puoi dare il passaporto?—Sì, posso darlo.
4. Puoi portare le cravatte?—Sì, posso portarle.
5. Puoi comprare le banane?—Sì, posso comprarle.

6. Puoi offrire le bibite?—Sì, posso offrirle.
7. Puoi finire i pomodori?—Sì, posso finirli.
8. Puoi pulire le patate?—Sì, posso pulirle.
9. Puoi capire i giornalisti?—Sì, posso capirli.
10. Puoi ascoltare i cugini?—Sì, posso ascoltarli.

C. *Restate the sentences substituting a direct object pronoun for the noun. You will hear a confirmation of each response.*

MODELLO   Abbiamo mangiato i maccheroni.
          Li abbiamo mangiati.

1. Ha disegnato la faccia.—L'ha disegnata.
2. Hanno comprato le bocce.— Le hanno comprate.
3. Abbiamo imparato la canzone.—L'abbiamo imparata.
4. Hai fatto la ginnastica.—L'hai fatta.
5. Ha baciato la mamma.—L'ha baciata.
6. Ho incontrato gli ospiti.—Li ho incontrati.
7. Abbiamo dato l'uovo.—L'abbiamo dato.
8. Avete alzato la mano.—L'avete alzata.
9. Hanno decorato l'albero.—L'hanno decorato.
10. Ha fatto il brindisi.—L'ha fatto.
11. Ho preso gli gnocchi.—Li ho presi.
12. Avete scritto i compiti.—Li avete scritti.
13. Ha preparato le ricette.—Le ha preparate.
14. Abbiamo salutato le signore.—Le abbiamo salutate.

CONOSCERE E SAPERE

D. *Listen to the present tense conjugation of* **conoscere Marco,** *to know Marco, and repeat each form.*

Io conosco Marco.   Noi conosciamo Marco.
Tu conosci Marco.   Voi conoscete Marco.
Lui conosce Marco.   Loro conoscono Marco.

E. *Give the present tense form of* **conoscere** *that corresponds to the subject that you hear. You will hear a confirmation of each response.*

1. loro-loro conoscono
2. noi-noi conosciamo
3. io-io conosco
4. i ragazzi-i ragazzi conoscono
5. tu-tu conosci
6. voi-voi conoscete
7. la zia-la zia conosce
8. lui-lui conosce

F. *Listen to the present tense conjugation of **sapere nuotare**, to know how to swim, and repeat each form.*

Io so nuotare. Noi sappiamo nuotare.
Tu sai nuotare. Voi sapete nuotare.
Lui sa nuotare. Loro sanno nuotare.

G. *Give the present tense form of **sapere** that corresponds to the subject that you hear. You will hear a confirmation of each response.*

1. Giorgio ed io—Giorgio ed io sappiamo
2. voi—voi sapete
3. loro—loro sanno
4. io—io so
5. Maria—Maria sa
6. noi—noi sappiamo
7. tu—tu sai
8. lei—lei sa

You're at a school dance with your friend.
You see a student ~~get up~~ who dances
really well. Talk about him / her w
your partner using sapere / conoscere
at least 3 times.

Capitolo 10

Il cinema italiano

 PRONOMI INDIRETTI

A. *Restate the sentences with the correct indirect object pronoun. You will hear a confirmation of each response.*

MODELLO Scrivo ai cugini.
  Gli scrivo. (Scrivo loro.)

1. Io domando a Mario.—Io gli domando.
2. Noi offriamo alla mamma.—Noi le offriamo.
3. Loro scrivono al professore.—Loro gli scrivono.
4. Lei spiega agli studenti.—Lei gli spiega. Lei spiega loro.
5. Noi mostriamo alle amiche.—Noi gli mostriamo. Noi mostriamo loro.
6. Tu consigli a noi.—Tu ci consigli.
7. La mamma compra per voi.—La mamma vi compra.
8. Io preparo per lui.—Io gli preparo.
9. Noi prestiamo a voi.—Noi vi prestiamo.
10. Io ho fatto la domanda a lui.—Io gli ho fatto la domanda.
11. Voi avete portato a me la maglietta.—Voi mi avete portato la maglietta.
12. Loro hanno aperto il negozio per te.—Loro ti hanno aperto il negozio.
13. Tu hai dato la giacca a Giorgio.—Tu gli hai dato la giacca.
14. Noi abbiamo preparato il pranzo per gli amici.—Noi gli abbiamo preparato il pranzo. Noi abbiamo preparato loro il pranzo.
15. Io ho scritto la cartolina alla nonna.—Io le ho scritto la cartolina.
16. Filippo ha regalato a Maria i biglietti.—Filippo le ha regalato i biglietti.

B. *Restate the sentences that you hear using an indirect object pronoun. You will hear a confirmation of each response.*

MODELLO Dà la mano a Giorgio.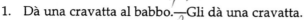
         Gli dà la mano.

1. Dà una cravatta al babbo.—Gli dà una cravatta.
2. Dà un panettone ai cugini.—Gli dà un panettone. Dà loro un panettone.
3. Dà delle candele alla mamma.—Le dà delle candele.
4. Dà una videocamera a noi.—Ci dà una videocamera.
5. Dà dei Baci Perugina a voi.—Vi dà dei Baci Perugina.
6. Dà delle bocce a Lei, signorina Pappalardo.—Le dà delle bocce.
7. Dà dei fiori a Gastone.—Gli dà dei fiori.
8. Dà i portafogli alle figlie.—Gli dà i portafogli. Dà loro i portafogli.

CI

C. *Answer affirmatively using the pronoun **ci**. You will hear a confirmation of each response.*

1. Vai a quell'isola?—Sì, ci vado.
2. Stai in quella pensione?—Sì, ci sto.
3. Sei stato alla spiaggia?—Sì, ci sono stato.
4. Sei andato in campeggio?—Sì, ci sono andato.
5. Hai pensato di sposarti?—Sì, ci ho pensato.
6. Sei salito sulla montagna?—Sì, ci sono salito.
7. Credi nella competenza del tuo dentista?—Sì, ci credo.
8. Devi essere in ufficio oggi?—Sì, devo esserci.
9. Sei tornato dall'avvocato?—Sì, ci sono tornato.
10. Credi nelle offerte speciali?—Sì, ci credo.
11. Hai pensato alla tua mamma?—Sì, ci ho pensato.
12. Vai al cinema oggi?—Sì, ci vado.

D. *Restate the sentences substituting a pronoun and make any other necessary changes. You will hear a confirmation of each response.*

1. Vogliamo fare il bucato.—Vogliamo farlo.
2. Sei stata al lago.—Ci sono stata.
3. Abbiamo cercato il bagno.—Lo abbiamo cercato.
4. I miei genitori non hanno cenato nell'albergo.—I miei genitori non ci hanno cenato.
5. Siete andati allo spettacolo?—Ci siete andati?
6. Abbiamo mandato le informazioni.—Le abbiamo mandate.
7. Abbiamo nuotato in piscina.—Ci abbiamo nuotato.
8. Non possiamo portare le bibite.—Non possiamo portarle.
9. Devo parlare alla nonna.—Devo parlarle.
10. Ho creduto nella Befana.—Ci ho creduto.

NE

E. *Answer affirmatively using* **ne.**. *You will hear a confirmation of each response.*

1. Vuoi del vino?-Sì, ne voglio.
2. Vuoi un po' di maccheroni al ragù?-Sì, ne voglio un po'.
3. Vuoi molta carne?-Sì, ne voglio molta.
4. Vuoi due fagiolini?-Sì, ne voglio due.
5. Vuoi poche fragole?-Sì, ne voglio poche.
6. Vuoi un gelato?-Sì, ne voglio uno.

Espansione grammaticale

PRONOMI DOPPI

F. *Restate the sentences using double-object pronouns. You will hear a confirmation of each response.*

1. Gli spiega la parte.—Gliela spiega.
2. Le spiega il film.—Glielo spiega.
3. Vi spiega lo spettacolo.—Ve lo spiega.
4. Ci spiega i preparativi.—Ce li spiega.
5. Ti spiega le usanze.—Te le spiega.
6. Mi spiega la cartina.— Me la spiega.

G. *Answer each question negatively, using double-object pronouns. You will hear a confirmation of each response.*

1. Danno a lui lo spumante?—No, non glielo danno.
2. Danno la ricetta alla signora Tagliabue?—No, non gliela danno.
3. Danno i bagagli agli uomini?—No, non glieli danno.
4. Danno i fiori alle mamme?—No, non gliele danno.
5. Danno i compiti a te?—No, non me li danno.
6. Danno a me i piatti?—No, non te li danno.
7. Danno una nuova villa alla famiglia?—No, non gliela danno.
8. Danno loro del vino bianco?—No, non gliene danno.

H. *Restate the sentences using double-object pronouns. You will hear a confirmation of each response.*

1. Non ha portato a me i maccheroni.—Non me li ha portati.

2. Non ha portato a voi le bibite.—Non ve le ha portate.
3. Non ha portato a noi le mele.—Non ce le ha portate.
4. Non ha portato le paste a Marco.—Non gliele ha portate.
5. Non ha portato i broccoli ai signori Pescosolido.—Non glieli ha portati.
6. Non ha portato alla signorina Cipollone della frutta.—Non gliene ha portata.
7. Non ha portato a te delle patate.—Non te ne ha portate.
8. Non ha portato il pesce a me.—Non me lo ha portato.

Capitolo 11

Il cibo e i ristoranti

♦ **LA CUCINA ITALIANA**

A. Look at this bill for a meal at a restaurant in Italy. Now listen to the tape and write down the answers to the questions that you hear about this bill. Stop the tape after each question. To check what you have written, see the Answer Key.

```
                      Osteria
                      al Pescatore
                      di BONSARA, TERRINA & C. s.a.s.
                      Part. IVA 00716840179

                      Esercizio e residenza:
                      Via G. Piana - Tel. 030/916216
                      25019 SIRMIONE (BS)
 1
 2
 3                              4.00X  1.000
 4                              COPE   4.000
 5                              2.00X  4.000
 6                              PRIM   8.000
 7                              2.00X  5.000
 8                              PRIM  10.000
 9                              2.00X  7.500
10                              SECO  15.000
11                              SECO   9.000
12                              2.00X  2.800
13                              CONT   5.600
14                              ACQU    .900
15                              VINO   3.000
16                              VINO   1.500
17                              S.TO  57.000
18                              SERV 10.00ZI
19                              S.TO  62.700
20         -80TT '88/986K9576   R.FI  62.700
21
22
23
24
25
26
Se non compare
la quantità
si intende
QUANTITA UNITARIA

RICEVUTA FISCALE
FATTURA (ricevuta fiscale)   XRF  N. 289815 /88
Art. 1 e 2 D.M. 13-10-79

FATTURA n.            Cod. Fisc.

Sig.

Residenza
```

1. Quante persone hanno mangiato?
2. Quanti primi piatti hanno ordinato?
3. Quanto costano i primi piatti?
4. Quanti secondi piatti hanno ordinato?
5. Quanto costano i secondi piatti?
6. Quanti contorni hanno ordinato?
7. Che cosa hanno bevuto?
8. Quanto è il servizio?
9. Quanto hanno speso in tutto?

PRONOMI TONICI

B. *Answer the questions affirmatively, using a stressed pronoun. You will hear a confirmation of each response.*

1. Vuoi conoscere l'attrice Valeria Marini?—Sì, voglio conoscere lei.
2. Vuoi conoscere gli attori Stallone e Schwarzenegger?—Sì, voglio conoscere loro.
3. Vuoi conoscere il regista Pappi Corsicato?—Sì, voglio conoscere lui.
4. Vuoi conoscere le interpreti del film?—Sì, voglio conoscere loro.
5. Vuoi conoscere il cantautore della colonna sonora?—Sì, voglio conoscere lui.
6. Vuoi conoscere la signora che ha fatto i costumi?—Sì, voglio conoscere lei.
7. Vuoi conoscere mio fratello?—Sì, voglio conoscere lui.
8. Vuoi conoscere le mie amiche?—Sì, voglio conoscere loro.

C. *Answer the questions affirmatively replacing a stressed pronoun for the direct or indirect object pronoun. Remember to express the preposition when you are substituting for an indirect object pronoun, and that there is no agreement of the past participle with stressed pronouns. You will hear a confirmation of each response.*

MODELLO   L'hai vista?

Sì, ho visto lei.

Le hai scritto una lettera?

Sì, ho scritto una lettera a lei.

1. Gli hai prestato la radio?—Sì, ho prestato a lui la radio.
2. L'hai conosciuto a Genova?—Sì, ho conosciuto lui a Genova.
3. Mi ha dato il pallone?—Sì, ha dato a te il pallone.
4. Ci hai visti alla partita?—Sì, ho visto voi alla partita.
5. Le è sembrato interessante?—Sì, è sembrato a lei interessante.
6. Li hai portati al botteghino?—Sì, ho portato loro al botteghino.
7. Ti ho dato l'agenda?—Sì, hai dato a me l'agenda.
8. L'hai aiutata?—Sì, ho aiutato lei.
9. Le hai consigliato un buon ristorante?—Sì, ho consigliato a lei un buon ristorante.
10. Le hai aspettate al cinema?—Sì, ho aspettato loro al cinema.

IL VERBO *PIACERE* AL PRESENTE

D. *Say that you like or don't like what you hear. Use* **piacere** *in the present tense. You will hear a confirmation of each response.*

1. il cinema neorealista—mi piace/non mi piace
2. gli attori italiani—mi piacciono/non mi piacciono
3. i pantaloni rossi—mi piacciono/non mi piacciono
4. i film dell'orrore—mi piacciono/non mi piacciono
5. la pallavolo—mi piace/non mi piace
6. il naso del presidente—mi piace/non mi piace
7. le bocce—mi piacciono/non mi piacciono
8. le infermiere gentili—mi piacciono/non mi piacciono
9. i dentisti nervosi—mi piacciono/non mi piacciono
10. i camerieri timidi—mi piacciono/non mi piacciono
11. la chimica—mi piace/non mi piace
12. abitare nel dormitorio—mi piace/non mi piace
13. mangiare alla mensa—mi piace/non mi piace
14. avere ragione—mi piace/non mi piace

E. *For each item you will hear a name followed by a noun. Ask the persons whose names you hear if they like a certain thing. You will hear a confirmation of each response.*

MODELLO   Fausto: i calamari
Ti piacciono i calamari?

1. Maria: gli gnocchi—Ti piacciono gli gnocchi?
2. Dottor Rapisarda: le cipolle—Le piacciono le cipolle?
3. bambina: il dentista—Ti piace il dentista?
4. mamma: la discoteca—Ti piace la discoteca?
5. Gina e Vito: le canzoni italiane—Vi piacciono le canzoni italiane?
6. i signori Boccabella: i tassisti di New York—Gli piacciono i tassisti di New York? Piacciono loro i tassisti di New York?
7. Avvocato Centomani: il Suo stipendio—Le piace il Suo stipendio?
8. Canzio: gli occhi di Sofia—Ti piacciono gli occhi di Sofia?
9. la signora Fischietti e suo marito: i frutti di mare—Gli piacciono i frutti di mare? Piacciono loro i frutti di mare?
10. Giacomo e Lina: il pattinaggio—Vi piace il pattinaggio?

IL VERBO *PIACERE* AL PASSATO PROSSIMO

F. *Imagine that after an extravagant meal your host asks what you liked. Answer using* **piacere** *in the present perfect. You will hear a confirmation of each response.*

1. l'antipasto—Mi è piaciuto.
2. i salumi—Mi sono piaciuti.
3. le fettuccine al salmone—Mi sono piaciute.
4. gli spaghetti al pomodoro—Mi sono piaciuti.
5. la carne arrosto—Mi è piaciuta.
6. gli scampi—Mi sono piaciuti.
7. il pesce fresco—Mi è piaciuto.
8. i broccoli—Mi sono piaciuti.
9. le insalate—Mi sono piaciute.
10. i vini favolosi—Mi sono piaciuti.
11. la torta—Mi è piaciuta.
12. la frutta—Mi è piaciuta.

G. *Say what the shoppers liked. Complete the sentences with a correct form of **piacere** in the present perfect: the indirect object pronoun will refer to the subject. You will hear a confirmation of each response.*

MODELLO   Piero ha comprato i pantaloncini perchè   *gli sono piaciuti.*

1. Fosca ha comprato la gonna perchè—le è piaciuta.
2. Io ho comprato quella bella radio perchè—mi è piaciuta.
3. Noi abbiamo comprato quella cravatta perchè—ci è piaciuta.
4. Tu hai comprato quella felpa nera perchè—ti è piaciuta.
5. La mamma ha comprato quel bel tacchino perchè—le è piaciuto.
6. Il babbo ha comprato quel vestito giallo perchè—gli è piaciuto.
7. Voi avete comprato le banane perchè—vi sono piaciute.
8. Io ho comprato quei pantaloni rossi perchè —mi sono piaciuti.
9. Ferruccio ha comprato quel pallone perchè—gli è piaciuto.
10. I signori Cocozza hanno comprato quella pescheria perchè—gli è piaciuta.

H. *Ask the people indicated if they liked what they had at the restaurant. Use the present perfect of* **piacere**. *You will hear a confirmation of each response.*

MODELLO   Mario: l'aragosta
           Ti è piaciuta l'aragosta?

1. Carlo: la bistecca—Ti è piaciuta la bistecca?
2. noi: i frutti di mare—Ci sono piaciuti i frutti di mare?
3. Maria e Fabrizio: la minestra—Vi è piaciuta la minestra?
4. i signori Rossi: i calamari—Gli sono piaciuti i calamari? Sono piaciuti Loro i calamari?
5. voi: le lasagne—Vi sono piaciute le lasagne?
6. Dottor Berni: gli scampi—Le sono piaciuti gli scampi?
7. mamma: gli spaghetti al sugo—Ti sono piaciuti gli spaghetti al sugo?
8. i cugini: le penne al burro—Vi sono piaciute le penne al burro?
9. tu: il pollo arrosto—Ti è piaciuto il pollo arrosto?
10. noi: il vitello—Ci è piaciuto il vitello?

Espansione grammaticale

◆ VERBI SIMILI A *PIACERE*

I. *Say where each person feels pain (hurts). Use the present tense of **fare male**. You will hear a confirmation of each response.*

> MODELLO   tu: la gamba
> *Ti fa male la gamba.*

1. io: il collo—Mi fa male il collo.
2. la signora Panicuocolo: gli occhi—Le fanno male gli occhi.
3. voi: il naso—Vi fa male il naso.
4. i ragazzi: i denti—Gli fanno male i denti.
5. noi: i piedi—Ci fanno male i piedi.
6. tu: la faccia—Ti fa male la faccia.

J. *Say what interests each person. Use the present tense of **interessare**. You will hear a confirmation of each response.*

1. la mamma: lo sci di fondo-Le interessa lo sci di fondo.
2. i genitori: gli scrittori italiani-Gli interessano gli scrittori italiani. Interessano loro gli scrittori italiani.
3. io: un buono stipendio-Mi interessa un buono stipendio.
4. mia sorella: le colonne sonore dei film di Fellini-Le interessano le colonne sonore dei film di Fellini.
5. voi: recitare-Vi interessa recitare.
6. tu: le attrici italiane-Ti interessano le attrici italiane.

K. *Say what was enough for each person. Use the present perfect of **bastare**. You will hear a confirmation of each response.*

1. mia nonna: due chili di carne—Le sono bastati due chili di carne.
2. io: un piatto di tacchino—Mi è bastato un piatto di tacchino.
3. i signori Tartaglia: otto banane—Gli sono bastate otto banane. Sono bastate loro otto banane.
4. noi: una partita di calcio—Ci è bastata una partita di calcio.
5. tu: due uova di cioccolato—Ti sono bastate due uova di cioccolato.
6. voi: cinque fiori—Vi sono bastati cinque fiori.

L. *Say what interested each person. Use the present perfect of **interessare**. You will hear a confirmation of each response.*

1. Pietro: il ciclismo—Gli è interessato il ciclismo.
2. le mie sorelle: il tennis—Gli è interessato il tennis. È interessato loro il tennis.

3. tu: la canzone—Ti è interessata la canzone.
4. io: le discoteche—Mi sono interessate le discoteche.
5. voi: i ristoranti—Vi sono interessati i ristoranti.
6. i signori Ciancimino: le immersioni subacquee—Gli sono interessate le immersioni subacquee. Sono interessate loro le immersioni subacquee.

M. *Say what each person has missed. Use the present perfect of **mancare**. You will hear a confirmation of each response.*

1. Elisa: i suoi amici—Le sono mancati i suoi amici.
2. io: le canzoni italiane—Mi sono mancate le canzoni italiane.
3. Muzio e Vanna: le specialità genovesi—Gli sono mancate le specialità genovesi. Sono mancate loro le specialità genovesi.
4. voi: i tramonti a Spotorno—Vi sono mancati i tramonti a Spotorno.
5. tu: la Befana—Ti è mancata la Befana.
6. noi: lo spuntino—Ci è mancato lo spuntino.

Capitolo 12

L'arte

 IMPERFETTO

A. *Listen to the imperfect conjugation of* **andare al museo,** *to go to the museum, and repeat each form.*

Io andavo al museo.	Noi andavamo al museo.
Tu andavi al museo.	Voi andavate al museo.
Lei andava al museo.	Loro andavano al museo.

B. *Listen to the imperfect conjugation of* **scrivere una lettera,** *to write a letter, and repeat each form.*

Io scrivevo una lettera.	Noi scrivevamo una lettera.
Tu scrivevi una lettera.	Voi scrivevate una lettera.
Lui scriveva una lettera.	Loro scrivevano una lettera.

C. *Listen to the imperfect conjugation of* **dormire molto,** *to sleep a lot, and repeat each form.*

Io dormivo molto.	Noi dormivamo molto.
Tu dormivi molto.	Voi dormivate molto.
Lui dormiva molto.	Loro dormivano molto.

D. *Give the correct imperfect form of* **aspettare gli amici** *that corresponds to the subject that you hear. You will hear a confirmation of each response.*

1. noi—noi aspettavamo gli amici
2. loro—loro aspettavano gli amici
3. io—io aspettavo gli amici
4. voi—voi aspettavate gli amici
5. la zia—la zia aspettava gli amici

6. Giovanni ed io—Giovanni ed io aspettavamo gli amici
7. tu—tu aspettavi gli amici
8. lui—lui aspettava gli amici

E. *Give the correct imperfect form of* **leggere un libro** *that corresponds to the subject that you hear. You will hear a confirmation of each response.*

1. lui—lui leggeva un libro
2. noi—noi leggevamo un libro
3. io—io leggevo un libro
4. i signori Verdi—i signori Verdi leggevano un libro
5. tu—tu leggevi un libro
6. il babbo—il babbo leggeva un libro
7. loro—loro leggevano un libro
8. voi—voi leggevate un libro

F. *Listen to the imperfect conjugation of* **essere in Italia,** *to be in Italy, and repeat each form.*

Io ero in Italia.
Tu eri in Italia.
Lei era in Italia.
Noi eravamo in Italia.
Voi eravate in Italia.
Loro erano in Italia.

G. *Give the correct imperfect form of* **essere al museo** *that corresponds to the subject that you hear. You will hear a confirmation of each response.*

1. la mamma ed io—la mamma ed io eravamo al museo
2. tu—tu eri al museo
3. lei—lei era al museo
4. il Dottor Fini—il Dottor Fini era al museo
5. loro—loro erano al museo
6. noi—noi eravamo al museo
7. io—io ero al museo
8. voi—voi eravate al museo

H. *Say how things used to be years ago. Restate each sentence using the imperfect, beginning with* **Una volta.** *You will hear a confirmation of each response.*

MODELLO   Ora non posso mangiare tre gelati.
Una volta potevo mangiare tre gelati.

1. Ora non mi diverto con gli amici.—Una volta mi divertivo con gli amici.
2. Ora non dormo molto.—Una volta dormivo molto.
3. Ora non porto i pantaloni rossi.—Una volta portavo i pantaloni rossi.
4. Ora non ho fretta.—Una volta avevo fretta.
5. Ora non vado a molte feste.—Una volta andavo a molte feste.

6. Ora non pulisco la cucina ogni giorno.—Una volta pulivo la cucina ogni giorno.
7. Ora non voglio un lavoro pericoloso.—Una volta volevo un lavoro pericoloso.
8. Ora non so giocare a tennis.—Una volta sapevo giocare a tennis.
9. Ora non devo lavorare.—Una volta dovevo lavorare.
10. Ora non esco con gli amici.—Una volta uscivo con gli amici.
11. Ora non sono ottimista.—Una volta ero ottimista.
12. Ora non soffro per amore.—Una volta soffrivo per amore.

I. *Change the verbs from the present tense to the imperfect. You will hear a confirmation of each response.*

1. La zia ammira i quadri.—La zia ammirava i quadri.
2. Noi assaggiamo il pesce.—Noi assaggiavamo il pesce.
3. Le piacciono gli affreschi.—Le piacevano gli affreschi.
4. Il cuoco taglia il maiale.—Il cuoco tagliava il maiale.
5. Voi non friggete nel burro.—Voi non friggevate nel burro.
6. È un angelo.—Era un angelo.
7. Beve un po' di caffè latte.—Beveva un po' di caffè latte.
8. Perchè coprite le pareti?—Perchè coprivate le pareti?
9. Dove posso mostrare gli acquarelli?—Dove potevo mostrare gli acquarelli?
10. Tu rifiuti di fare un viaggio?—Tu rifiutavi di fare un viaggio?
11. Noi prendiamo le fettuccine.—Noi prendevamo le fettuccine.
12. Perchè non dicono il nome?—Perchè non dicevano il nome.
13. Faccio la prima colazione.—Facevo la prima colazione.
14. Il film si svolge nel Vaticano.—Il film si svolgeva nel Vaticano.
15. Mi metto una camicia gialla.—Mi mettevo una camicia gialla.

Espansione grammaticale

PASSATO REMOTO

J. *Restate each sentence using the corresponding form of the present perfect for each verb in the passato remoto. You will hear a confirmation of each response.*

1. Parlaste dell'affresco?—Avete parlato dell'affresco?
2. Ammirammo l'autoritratto.—Abbiamo ammirato l'autoritratto.
3. Mio nonno scolpì un angelo.—Mio nonno ha scolpito un angelo.
4. Ricevetti una scultura.—Ho ricevuto una scultura.
5. Perchè dormirono a Tivoli?—Perchè hanno dormito a Tivoli?
6. Non credette suo padre.—Non ha creduto suo padre.
7. Comprai delle pietre preziose.—Ho comprato delle pietre preziose.
8. Uscì da solo.—È uscito da solo.
9. Andò in guerra.—È andato in guerra.
10. La vedeste?—L'avete vista? L'avete veduta?

11. Sentii la mamma.—Ho sentito la mamma.
12. Li seguimmo.—Li abbiamo seguiti.
13. Maria partì per un viaggio.—Maria è partita per un viaggio.
14. Gli insegnasti l'Italiano.—Gli hai insegnato l'italiano.
15. Le offrì un caffè.—Le ha offerto un caffè.
16. Si rilassarono con gli amici.—Si sono rilassati con gli amici.
17. Dovè vestirsi.—Ha dovuto vestirsi.
18. Ci fidanzammo a gennaio.—Ci siamo fidanzati a gennaio.
19. Il babbo entrò.—Il babbo è entrato.
20. Gli portaste le valige.—Gli avete portato le valige.

La moda

FUTURO SEMPLICE

A. *Listen to the future tense conjugation of* **portare il cappello,** *to wear a hat, and repeat each form.*

Io porterò il cappello.   Noi porteremo il cappello.
Tu porterai il cappello.   Voi porterete il cappello.
Lei porterà il cappello.   Loro porteranno il cappello.

B. *Listen to the future tense conjugation of* **prendere il panino,** *to have a sandwich, and repeat each form.*

Io prenderò il panino.   Noi prenderemo il panino.
Tu prenderai il panino.   Voi prenderete il panino.
Lui prenderà il panino.   Loro prenderanno il panino.

C. *Listen to the future tense conjugation of* **preferire Armani,** *to prefer Armani, and repeat each form.*

Io preferirò Armani.   Noi preferiremo Armani.
Tu preferirai Armani.   Voi preferirete Armani.
Lei preferirà Armani.   Loro preferiranno Armani.

D. *Give the future tense form of* **insegnare** *that corresponds to the subject that you hear. You will hear a confirmation of each response.*

1. noi—noi insegneremo
2. Giovanni—Giovanni insegnerà
3. loro—loro insegneranno
4. tu—tu insegnerai

5. i miei genitori—i miei genitori insegneranno
6. lei—lei insegnerà
7. io—io insegnerò
8. voi—voi insegnerete

E. *Give the future tense form of* **chiedere** *that corresponds to the subject that you hear. You will hear a confirmation of each response.*

1. loro—loro chiederanno
2. mia cugina—mia cugina chiederà
3. io—io chiederò
4. voi—voi chiederete
5. lui—lui chiederà
6. Maria ed io—Maria ed io chiederemo
7. tu—tu chiederai
8. loro—loro chiederanno

F. *Give the future tense form of* **capire** *that corresponds to the subject that you hear. You will hear a confirmation of each response.*

1. voi—voi capirete
2. lei—lei capirà
3. Carlo e Pietro—Carlo e Pietro capiranno
4. noi—noi capiremo
5. tu—tu capirai
6. la signora Germi—la signora Germi capirà
7. io—io capirò
8. loro—loro capiranno

 ## FUTURO DEI VERBI IRREGOLARI

G. *Listen to the future tense conjugation of* **fare colazione,** *to have breakfast, and repeat each form.*

Io farò colazione.   Noi faremo colazione.
Tu farai colazione.   Voi farete colazione.
Lei farà colazione.   Loro faranno colazione.

H. *Give the future tense form of* **fare** *that corresponds to the subject that you hear. You will hear a confirmation of each response.*

1. gli studenti—gli studenti faranno
2. io—io farò
3. la mamma—la mamma farà
4. voi—voi farete
5. tu—tu farai
6. loro—loro faranno
7. noi—noi faremo
8. lei—lei farà

I. *Listen to the future tense conjugation of* **essere a Firenze,** *to be in Florence, and repeat each form.*

Io sarò a Firenze.   Noi saremo a Firenze.
Tu sarai a Firenze.   Voi sarete a Firenze.
Lui sarà a Firenze.   Loro saranno a Firenze.

J. *Give the future tense form of* **essere** *that corresponds to the subject that you hear. You will hear a confirmation of each response.*

1. tu—tu sarai
2. voi—voi sarete
3. loro—loro saranno
4. mio padre ed io—mio padre ed io saremo
5. lei—lei sarà
6. io—io sarò
7. i miei amici—i miei amici saranno
8. noi—noi saremo

K. *Listen to the future tense conjugation of* **venire presto,** *to come early, and repeat each form.*

Io verrò presto.   Noi verremo presto.
Tu verrai presto.   Voi verrete presto.
Lui verrà presto.   Loro verranno presto.

L. *Give the future tense form of* **venire** *that corresponds to the subject that you hear. You will hear a confirmation of each response.*

1. loro—loro verranno.   5. Pietro—Pietro verrà.
2. io—io verrò.   6. tu—tu verrai.
3. le ragazze—le ragazze verranno.   7. voi—voi verrete.
4. noi—noi verremo.   8. lei—lei verrà.

M. *Repeat each sentence or question changing the present tense verb to the future. You will hear a confirmation of each response.*

1. Provo la giacca.—Proverò la giacca.
2. Mangiano i frutti di mare.—Mangeranno i frutti di mare.
3. Si diverte alle sfilate di moda.—Si divertirà alle sfilate di moda.
4. Quando giochiamo a tennis noi litighiamo.—Quando giocheremo a tennis noi litigheremo.
5. Suo figlio prende tre biglietti.—Suo figlio prenderà tre biglietti.
6. Preferiscono quel vestito rosso.—Preferiranno quel vestito rosso.
7. Perchè dormi tutto il giorno?—Perchè dormirai tutto il giorno?
8. Se riceve un regalo si sente felice.—Se riceverà un regalo si sentirà felice.
9. La zia Peppina scrive ai cugini.—La zia Peppina scriverà ai cugini.
10. Dove giocate a pallone?—Dove giocherete a pallone?
11. La festa non comincia a mezzanotte.—La festa non comincerà a mezzanotte.
12. Quella coppia balla bene.—Quella coppia ballerà bene.
13. Ci svegliamo alle sei meno un quarto.—Ci sveglieremo alle sei meno un quarto.

14. Scendo dalla macchina.—Scenderò dalla macchina.
15. Leggono l'orario alla stazione.—Leggeranno l'orario alla stazione.
16. Perchè non offriamo una bibita?—Perchè non offriremo una bibita?
17. Se resto a casa guardo la televisione.—Se resterò a casa guarderò la televisione.
18. Sua figlia conosce mio padre.—Sua figlia conoscerà mio padre.
19. Appena spegne la candela si addormenta.—Appena spegnerà la candela si addormenterà.

N. *Answer the questions negatively for the people addressed using the future tense. You will hear a confirmation of each response.*

MODELLO   "Dottor Lopopolo, si è fatto la barba?"
"No, mi farò la barba."

1. Mario, hai preso i biglietti?—No, non prenderò i biglietti.
2. Ragazzi, vi siete fermati alla sfilata?—No, non ci fermeremo alla sfilata.
3. Signor Bianchi, ha fatto i preparativi?—No, non farò i preparativi.
4. Gianni, sei andato all'azienda?—No, non andrò all'azienda.
5. Signori Pappalardo, avete dato il regalo?—No, non daremo il regalo.
6. Ragazze, siete state alla lezione?—No, non saremo alla lezione.
7. Professoressa Cavallini, ha bevuto del Chianti?—No, non berrò del Chianti.
8. Nilde, hai fatto il bagno?—No, non farò il bagno.
9. Signore e signora Salciccia, sono stati alle terme?—No, non saremo alle terme.
10. Bambini, avete avuto i panini?—No, non avremo i panini.

Espansione grammaticale

FUTURO DI PROBABILITA

O. *Restate each sentence that you hear in another way to indicate possibility, using the future tense. You will hear a confirmation of each response.*

1. I ragazzi probabilmente sono agli Uffizi.—I ragazzi saranno agli Uffizi.
2. Quel macellaio dev'essere spagnolo.—Quel macellaio sarà spagnolo.
3. Forse loro conoscono mio fratello.—Loro conosceranno mio fratello.
4. Che bella cena: dovete avere fame!—Che bella cena: avrete fame!
5. Non vanno forse all'agenzia di viaggi?—Non andranno all'agenzia di viaggi?

P. *Look at the pictures and answer the questions that you hear by guessing and using the future of probability. You will hear a confirmation of each response.*

1. Chi sarà?—Sarà un meccanico.
2. Dove saranno?—Saranno alla spiaggia.
3. Cosa farà?—Dormirà, si riposerà.

4. Cosa faranno?—Si sposeranno.
5. Perchè mangeranno?—Avranno fame.
6. Che mese sarà?—Sarà dicembre.

Capitolo 14

La città e i monumenti

IMPERATIVO

A. *You will hear questions addressed to a person or persons. Use an imperative for the verb in the present tense, and use the correct form of address. You will hear a confirmation of each response.*

MODELLO   Signor Bagicalupo, perchè non prende un antipasto?
Prenda un antipasto!

1. Signori Rossi, perchè non parlano?—Parlino!
2. Dottor Fischietti, perchè non mangia?—Mangi!
3. Maria, perchè non ci spieghi il soggetto?—Spiegaci il soggetto!
4. Ragazzi, perchè non vi divertite?—Divertitevi!
5. Dottoressa Squeglia, perchè non finisce la bistecca?—Finisca la bistecca!
6. Signore e signora Bobbio, perchè non prendono un dolce?—Prendano un dolce!
7. Mamma, perchè non offri le bibite?—Offri le bibite!
8. Ciro e Marilena, perchè non vi mettete il cappello?—Mettetevi il cappello!
9. Zio Guido, perchè non ti calmi?—Calmati!
10. Professor Cherubini, perchè non ci legge la recensione?—Ci legga la recensione!

B. *You will hear a stubborn child refusing to do certain things. Order him to do what he says he won't do. You will hear a confirmation of each response.*

MODELLO   Non voglio giocare!   _Gioca!_

1. Non voglio mangiare!—Mangia!
2. Non voglio leggere!—Leggi!
3. Non voglio dormire!—Dormi!
4. Non voglio vedere il film dell'orrore!—Vedi il film dell'orrore!
5. Non voglio correre a scuola!—Corri a scuola!
6. Non voglio portare i pantaloncini gialli!—Porta i pantaloncini gialli!
7. Non voglio ammirare il quadro!—Ammira il quadro!
8. Non voglio prendere i calamari!—Prendi i calamari!

9. Non voglio scrivere alla nonna!—Scrivi alla nonna!
10. Non voglio finire gli spinaci!—Finisci gli spinaci!

C. Complete the sentences with a corresponding imperative. You will hear a confirmation of each response.

MODELLO Se dovete prendere il giornale, _prendete il giornale!_

1. Se dovete viaggiare in treno,—viaggiate in treno!
2. Se dobbiamo ballare insieme,—balliamo insieme!
3. Se devi lavorare tutta la giornata,—lavora tutta la giornata!
4. Se devono aspettare,—aspettino!
5. Se deve vedere il film,—veda il film!
6. Se devi cominciare il libro,—comincia il libro!
7. Se dobbiamo riposarci,—riposiamoci!
8. Se deve vestirsi,—si vesta!
9. Se dovete scendere ora,—scendete ora!
10. Se dobbiamo uscire,—usciamo!
11. Se devono stirare la camicia,—stirino la camicia!
12. Se devi lavarti,—lavati!
13. Se deve vendere la villa,—venda la villa!
14. Se dovete mettervi il cappotto,—mettetevi il cappotto!
15. Se deve finire la lettera,—finisca la lettera!

D. After studying the irregular imperative verbs, complete the sentences that you hear. If there is a pronoun, be sure to place the pronoun correctly. You will hear a confirmation of each response.

1. Maria, se puoi andare,—va'!
2. Dottor Focaccia, se ci può dire il nome,—ci dica il nome !
3. Carlo, se mi puoi fare un favore,—fammi un favore!
4. Signor Paci, se può stare a casa,—stia a casa!
5. Ragazzi, se possiamo fare colazione,—facciamo colazione!
6. Gioconda, se ci puoi dare il regalo,—dacci il regalo!
7. Professor Cecere, se lo può fare,—lo faccia!
8. Babbo, se lo puoi dire,—dillo!
9. Signor Girardi e signor Piazza, se possono darlo a Maria,—lo diano a Maria!
10. Rufo, se mi puoi dare il pallone,—dammi il pallone!

E. You will hear a series of questions. For each question use an imperative and substitute a pronoun for the noun. Be sure to place the pronoun correctly. You will hear a confirmation of each response.

MODELLO Vuoi fare la lezione? _Falla!_

1. Vogliamo dare la cena?—Diamola!
2. Volete spedire le cartoline?—Speditele!
3. Vogliono invitare gli zii?—Li invitino!
4. Vuoi ascoltare la canzone?—Ascoltala!
5. Vuole pagare la commessa?—La paghi!
6. Vogliono fare gli spaghetti?—Li facciano!
7. Vogliamo assaggiare la minestra?—Assaggiamola!

8. Volete prendere i frutti di mare?—Prendeteli!
9. Vuoi accompagnare la mamma?—Accompagnala!
10. Vuoi finire i compiti?—Finiscili!

F. *You will hear a series of commands. Restate the command substituting a direct object pronoun for the noun. You will hear a confirmation of each response.*

1. Porta il dolce!—Portalo!
2. Porta la carne!—Portala!
3. Porta gli spaghetti!—Portali!
4. Porta le fettuccine!—Portale!
5. Porta i calamari!—Portali!
6. Porta il vino!—Portalo!

G. *You will hear a series of commands. Restate each command using an indirect object pronoun. You will hear a confirmation of each response.*

1. Scriva a sua figlia!—Le scriva!
2. Scriva ai suoi nipoti!—Gli scriva!
3. Scriva a noi!—Ci scriva!
4. Scriva ai cugini!—Gli scriva!
5. Scriva a me!—Mi scriva!
6. Scriva a Carlo! Gli scriva!

IL CONDIZIONALE

H. *You will hear questions directed to you and another person, as if you were making plans for a trip. Answer the questions affirmatively for yourself, or for yourself and your imaginary companion. You will hear a confirmation of each response.*

1. Vi piacerebbe andare in Toscana?—Sì, ci piacerebbe andare in Toscana.
2. Prenderebbe il treno?—Sì, prenderei il treno.
3. Affitterebbero una villa?—Sì, affitteremmo una villa.
4. Andrebbe in campagna?—Sì, andrei in campagna.
5. Vorrebbero noleggiare una macchina?—Sì, vorremmo noleggiare una macchina.
6. Farebbe colazione all'albergo?—Sì, farei colazione all'albergo.
7. Preferirebbero la mezza pensione?—Sì, preferiremmo la mezza pensione.
8. Visiterebbe le terme?—Sì, visiterei le terme.
9. Si potrebbero riposare in una città?—Sì, ci potremmo riposare in una città.
10. Preferirebbe la camera matrimoniale?—Sì, preferirei la camera matrimoniale.

I. *You will hear sentences in the present tense. Restate them using the conditional. You will hear a confirmation of each response.*

1. Parcheggio di fronte alla chiesa.—Parcheggerei di fronte alla chiesa.
2. Vai fino al ponte.—Andresti fino al ponte.

3. Non ritornano in centro.—Non ritornerebbero in centro.
4. Venite in campagna?—Verreste in campagna?
5. È a due passi dal municipio.—Sarebbe a due passi dal municipio.
6. Ha voglia di andare al negozio.—Avrebbe voglia di andare al negozio.
7. Preferisci fare due passi?—Preferiresti fare due passi?
8. Sa nuotare nella fontana?—Saprebbe nuotare nella fontana?
9. Spediamo le lettere.—Spediremmo le lettere.
10. Perchè soffri per il rumore?—Perchè soffriresti per il rumore?
11. Sento la folla nella strada.—Sentirei la folla nella strada.
12. Ti annoi con il professor Rossi?—Ti annoieresti con il professor Rossi?
13. Quanto spendete per la cena?—Quanto spendereste per la cena?
14. Perchè dà i biscotti ai bambini?—Perchè darebbe i biscotti ai bambini?
15. A che ora parte il treno?—A che ora partirebbe il treno?
16. Faccio la prima colazione.—Farei la prima colazione.
17. Si svegliano tardi.—Si sveglierebbero tardi.
18. Giochiamo a calcio nel giardino.—Giocheremmo a calcio nel giardino.
19. Devi vivere in periferia.—Dovresti vivere in periferia.
20. Vuole traversare al semaforo.—Vorrebbe traversare al semaforo.

ESPRESSIONI NEGATIVE

J. *Restate the sentences that you hear to give the opposite meaning using* **nessuno.** *You will hear a confirmation of each response.*

1. Chiamerà tutti.—Non chiamerà nessuno.
2. Tutti vivono in periferia.—Nessuno vive in periferia.
3. Tutti abitano in quel quartiere.—Nessuno abita in quel quartiere.
4. Si innamora di tutti.—Non si innamora di nessuno.

K. *Restate the sentences that you hear to give the opposite meaning, using* **niente** *or* **nulla.** *You will hear a confirmation of each response.*

1. Suo marito vuole sapere tutto.—Suo marito non vuole sapere nulla.
2. Quel vigile vuole fare tutto.—Quel vigile non vuole fare niente.
3. Tutto va bene.—Nulla va bene.
4. C'è tutto nel grande magazzino.—Non c'è niente nel grande magazzino.

L. *Restate the sentences that you hear to give the opposite meaning, using* **non...più.** *You will hear a confirmation of each response.*

1. C'è ancora una bella vista.—Non c'è più una bella vista.
2. Mio cugino lavora ancora all'ufficio postale.—Mio cugino non lavora più all'ufficio postale.
3. Noi siamo ancora nel viale.—Noi non siamo più nel viale.
4. Avreste ancora bisogno di un incontro?—Non avreste più bisogno di un incontro?

M. *Restate the sentences that you hear to give the opposite meaning, using* **nè.... nè.** *You will hear a confirmation of each response.*

1. Conosce Tino e Vanna.—Non conosce nè Tino nè Vanna.
2. Sa bene l'italiano e il francese.—Non sa bene nè l'italiano, nè il francese.
3. O lui o lei ti aiuterà.—Nè lui nè lei ti aiuterà.
4. Mangeresti uova e formaggio.—Non mangeresti nè uova nè formaggio.

N. *Restate each sentence that you hear to give the opposite meaning, using* **(non)...neanche.** *You will hear a confirmation of each response.*

1. Anch'io comprerò quella rivista.—Neanch'io comprerò quella rivista.
2. Anche loro si divertiranno.—Neanche loro si divertiranno.
3. Porteremo anche Filippo al ponte.—Non porteremo neanche Filippo al ponte.
4. Ci piacerebbero anche queste statue.—Non ci piacerebbero neanche queste statue.

O. *Restate each sentence that you hear to give the opposite meaning, using* **(non)...mai.** *You will hear a confirmation of each response.*

1. Giriamo sempre nel viale.—Non giriamo mai nel viale.
2. Traversa sempre all'angolo.—Non traversa mai all'angolo.
3. È sempre socievole.—Non è mai socievole.
4. Vi riposereste sempre in campagna.—Non vi riposereste mai in campagna.

P. *Restate each sentence that you hear to give the opposite meaning, using* **non...ancora.** *You will hear a confirmation of each response.*

1. Sa già parcheggiare la macchina.—Non sa ancora parcheggiare la macchina.
2. Gino ha già diciotto anni.—Gino non ha ancora diciotto anni.
3. È già inverno.—Non è ancora inverno.
4. Sono già in macchina.—Non sono ancora in macchina.

Capitolo 15

L'ecologia e l'ambiente

COMPARATIVI

A. *You will hear a series of statements. Give an opposing view using* **meno** *instead of* **più**. *You will hear a confirmation of each response.*

MODELLO L'energia nucleare e più importante dell'energia solare.
No, l'energia nucleare è meno importante dell'energia solare.

1. I fumi di scarico sono più pericolosi dell'effetto serra.-No, i fumi di scarico   sono meno pericolosi dell'effetto serra.
2. La carne è più buona del pesce per la salute.—No, la carne è meno buona del pesce per la salute.
3. La blusa di lana è più calda della minigonna.—No, la blusa di lana è meno calda della minigonna.
4. I moccassini sono più pratici degli stivali.—No, i moccassini sono meno pratici degli sti-vali.
5. Il giubbotto è più comodo del cappotto.—No, il giubbotto è meno comodo del cappotto.
6. Le fabbriche inquinano più delle grandi città.—No, le fabbriche inquinano meno delle grandi città.

B. *You will hear a series of statements that affirm that two things have equal qualities. Using the comparative with* **più,** *disagree. You will hear a confirmation of each response.*

MODELLO Il vino bianco è buono; anche il vino rosso è buono.
No, il vino rosso è più buono del vino bianco.

1. La giacca in pelle è ecologica; anche la giacca in cotone è ecologica.—No, la giacca in pelle è più ecologica della giacca in cotonel
2. I volontari sono importanti; anche le leggi per l'ambiente sono importanti.—No, i volon-tari sono più importani delle leggi per l'ambiente.
3. La fuoriuscita del greggio uccide la fauna; anche l'inquinamento uccide la fauna.—No, la fuoriuscita del greggio uccide la fauna più dell'inquinamento.

4. Molto sale fa male; anche molto burro fa male.—No, molto sale fa più male di molto burro.
5. La raccolta della plastica è necessaria; anche il riciclaggio del vetro è necessario.—No, la raccolta della plastica è più necessaria del riciclaggio del vetro.
6. L'estinzione degli orsi sarà lenta; anche l'estinzione degli uccelli sarà lenta.—No, l'estinzione degli orsi sarà più lenta dell'estinzione degli uccelli.

 ## AVVERBI

C. *Restate the sentences that you hear using an adverb instead of the words* **in modo** *followed by an adjective. Use an adverb that corresponds to the adjective. You will hear a confirmation of each reponse.*

1. La fabbrica avrebbe danneggiato l'ambiente in modo pericoloso.—La fabbrica avrebbe danneggiato l'ambiente pericolosamente.
2. Fabio si veste in modo elegante.—Fabio si veste elegantemente.
3. Il Professor Bini parlava in modo intelligente.—Il Professor Bini parlava intelligentemente.
4. Hanno giocato a calcio in modo dinamico.—Hanno giocato a calcio dinamicamente.
5. Non ha spiegato la conferenza in modo facile.—Non ha spiegato la conferenza facilmente.
6. Peccato che tu non studi in modo regolare!—Peccato che tu non studi regolarmente!
7. Si sono salutati in modo gentile.—Si sono salutati gentilmente.
8. Enzo protegge in modo sincero l'estinzione degli uccelli.—Enzo protegge sinceramente l'estinzione degli uccelli.

D. *You will hear statements that begin with the verb* **è** *followed by an adjective and* **che, come, quando,** *or* **mentre.** *Restate the statements using a corresponding adverb. Be sure to place the adverb correctly. You will hear a confirmation of each response.*

MODELLO   È magnifico come canta!
Canta magnificamente!

1. È naturale come ballano quei giovani.—Quei giovani ballano naturalmente.
2. È certo che lo zio parteciperà alla raccolta.—Lo zio parteciperà certamente alla raccolta.
3. È difficile che domani ci vedremo a caccia.—Difficilmente domani ci vedremo a caccia.
4. Saranno stanchi mentre giocheranno a calcio.—Giocheranno a calcio stancamente.
5. Saranno lente mentre faranno due passi.—Faranno due passi lentamente.
6. È irresponsabile quando lui getta i rifiuti.—Lui getta i rifiuti irresponsabilmente.

Capitolo 16

La musica e le canzoni

PRONOMI RELATIVI

A. *You will hear a series of questions. Answer the questions affirmatively (Sì...) using the relative pronoun* **cui.** *You will hear a confirmation of each response.*

> MODELLO   Esci con quegli amici?
> *Sì, sono gli amici con cui esco.*

1. Hai pagato molto per questo CD?—Sì, è il CD per cui ho pagato molto.
2. Hai imparato il flauto in questo conservatorio? —Sì è il conservatorio in cui ho imparato il flauto.
3. Hai suonato la musica su questo pianoforte?—Sì, è il pianoforte su cui ho suonato la musica.
4. Hai sorriso a quel soprano?—Sì, è il soprano a cui ho sorriso.
5. Hai gridato a quel pianista?—Sì, è il pianista a cui ho gridato.
6. Hai giocato con quei ragazzi?—Sì, sono i ragazzi con cui ho giocato.

B. *You will hear brief sentences. Restate each sentence beginning with* **C'è** *or* **ci sono** *and using the relative pronoun* **che.** *You will hear a confirmation of each response.*

> MODELLO   Il pianista suona con la cantante.
> *C'è un pianista che suona con la cantante.*

1. Molti hanno comprato i biglietti.—Ci sono molti che hanno comprato i biglietti.
2. Alcuni ragazzi hanno fischiato il tenore.—Ci sono alcuni ragazzi che hanno fischiato il tenore.
3. Sua moglie ha indossato un abito nero.—C'è sua moglie che ha indossato un abito nero.
4. I miei amici sono arrivati tardi al concerto.—Ci sono i miei amici che sono arrivati tardi al concerto.
5. Mio nonno ama il rap.—C'è mio nonno che ama il rap.
6. Molti italiani vanno all'opera.—Ci sono molti italiani che vanno all'opera.

7. Questo violinista suona veramente bene.—C'è questo violinista che suona veramente bene.
8. I suoi figli ballavano a mezzanotte.—Ci sono i suoi figli che ballavano a mezzanotte.

C. *You will hear a series of brief statements. Make a question for each statement using* **Hai visto** *and the relative pronoun* **che**. *You will hear a confirmation of each response.*

MODELLO   Quell'uomo scende dal palcoscenico.
          Hai visto quell'uomo che scende dal palcoscenico?

1. Quella bambina sorride alla mamma.—Hai visto quella bambina che sorride alla mamma?
2. Quei ragazzi apprezzano la lirica.—Hai visto quei ragazzi che apprezzano la lirica?
3. Quel professore canta felicemente.—Hai visto quel professore che canta felicemente?
4. Quegli studenti applaudono il cantante.—Hai visto quegli studenti che applaudono il cantante?
5. Quel pianista suona soavemente.—Hai visto quel pianista che suona soavemente?
6. Quei bambini fischiano allegramente.—Hai visto quei bambini che fischiano allegramente?

D. *You will hear several questions. Answer each question affirmatively* (**Sì...**), *using the relative pronoun* **cui** *preceded by a preposition. You will hear a confirmation of each response.*

MODELLO   Pensi a quel film?
          Sì, è il film a cui penso.

1. Sei uscito con quel baritono?—Sì, è il baritono con cui sono uscito.
2. Avete parlato con quei signori?—Sì, sono i signori con cui abbiamo parlato.
3. Hai sorriso a quella ragazza?—Sì, è la ragazza a cui ho sorriso.
4. Siete stati in quella pensione?—Sì, è la pensione in cui siamo stati.
5. Scrive di quel soprano?—Sì, è il soprano di cui scrive.
6. Hai spiegato il sogno a quel dottore?—Sì, è il dottore a cui ho spiegato il sogno.

AGGETTIVI INDEFINITI

E. *You will hear a series of questions. Answer each question affirmatively* (**Sì...**) *using the correct form of* **tutto** *and the definite article. You will hear a confirmation of each response.*

MODELLO   Hai mangiato la carne?
          Sì, ho mangiato tutta la carne.

1. Hai applaudito i cantanti?—Sì, ho applaudito tutti i cantanti.
2. Hai ascoltato l'opera?—Sì, ho ascoltato tutta l'opera.
3. Hai ammirato i capolavori?—Sì, ho ammirato tutti i capolavori.
4. Hai giocato la partita?—Sì, ho giocato tutta la partita.
5. Hai spiegato le parole?—Sì, ho spiegato tutte le parole.
6. Hai invitato gli amici?—Sì, ho invitato tutti gli amici.

7. Hai scritto la lettera?—Sì, ho scritto tutta la lettera.
8. Hai bevuto il vino?—Sì, ho bevuto tutto il vino.

Espansione grammaticale

IL GERUNDIO E IL PRESENTE PROGRESSIVO

F. *You will hear statements that begin with* **mentre** *or* **quando** *and are followed by a conjugated verb. Restate each sentence using a gerund to replace the conjugated verb introduced by* **mentre** *or* **quando.** *You will hear a confirmation of each response.*

MODELLO   Quando stiamo davanti alla televisione, non pensiamo.
          Stando davanti alla televisione, non pensiamo.

1. Quando loro ballano, si divertono.—Ballando si divertono.
2. Quando voglio mangiare bene, vado al ristorante.—Volendo mangiare bene vado al ristorante.
3. Mentre finiva di lavarsi, Enzo fischiava una canzone.—Finendo di lavarsi, Enzo fischiava una canzone.
4. Mentre andavi a cavallo, hai visto un gatto.—Andando a cavallo hai visto un gatto.
5. Quando fate la ginnastica, vi rilassate.—Facendo la ginnastica vi rilassate.
6. Mentre suonava la fisarmonica, Vito sorrideva.—Suonando la fisarmonica, Vito sorrideva.
7. Mentre guidavo a Napoli, avevo paura.—Guidando a Napoli, avevo paura.
8. Quando ritorneranno a Napoli, passeranno per Capri.—Ritornando a Napoli, passeranno per Capri.

Capitolo 17

I mezzi di comunicazione

PER COMINCIARE

A. *After reading* **Per cominciare** *and studying* **Parole e espressioni utili,** *answer the questions that you hear. Stop the tape after each question.*

1. Qual è il tuo programma preferito alla televisione?
2. A che ora va in onda il tuo programma preferito?
3. Chi èl'animatore/animatrice o presentatore/presentatrice che preferisci?
4. Perchè ti piace?

CONGIUNTIVO PRESENTE

B. *Listen* **to** *the present subjunctive conjugation of* **tornare** *in the sentence* **Carlo vuole che io torni,** *and repeat each form.*

Carlo **vuole** che io torni.   Carlo vuole che noi torniamo.
Carlo **vuole** che tu torni.   Carlo vuole che voi torniate.
Carlo **vuole** che lei torni.   Carlo vuole che loro tornino.

C. *Complete each sentence that you hear with the appropriate present subjunctive form of* **parlare.** *You will hear a confirmation of each response.*

1. **Mario** vuole che io—parli.   4. Mario vuole che noi—parliamo.
2. **Mario** vuole che tu—parli.   5. Mario vuole che voi—parliate.
3. **Mario** vuole che lei—parli.   6. Mario vuole che loro—parlino.

D. *Listen to the present subjunctive conjugation of* **scrivere** *in the sentence* **Lucia spera che io scriva,** *and repeat each form.*

Lucia spera che io scriva.
Lucia spera che tu scriva.
Lucia spera che lui scriva.

Lucia spera che noi scriviamo.
Lucia spera che voi scriviate.
Lucia spera che loro scrivano.

E. *Complete each sentence that you hear with the appropriate present subjunctive form of* **leggere.** *You will hear a confirmation of each response.*

1. Desidera che io—legga.
2. Desidera che Maria—legga.
3. Desidera che i ragazzi—leggano.
4. Desidera che noi—leggiamo.
5. Desidera che tu—legga.
6. Desidera che loro—leggano.

F. *Listen to the present subjunctive conjugation of* **È bene che io finisca,** *and repeat each form.*

È bene che io finisca.
È bene che tu finisca.
È bene che lei finisca.

È bene che noi finiamo.
È bene che voi finiate.
È bene che loro finiscano.

G. *Complete each sentence that you hear with the appropriate present subjunctive form of* **capire.** *You will hear a confirmation of each response.*

1. Speriamo che tu—capisca.
2. Speriamo che io—capisca.
3. Speriamo che i ragazzi—capiscano.
4. Speriamo che voi—capiate.
5. Speriamo che la mamma—capisca.
6. Speriamo che noi—capiamo.

H. *You will hear sentences with an infinitive after a conjugated verb. At the end of each sentence you will hear a subject pronoun different from that of the conjugated verb. Restate the sentence using the second subject pronoun as the subject of the subordinate clause, and use the correct form of the present subjunctive. You will hear a confirmation of each response.*

MODELLO È possibile ascoltare la telenovela. (tu)
È possibile che tu ascolti la telenovela.

1. Penso di andare allo spettacolo. (lui)—Penso che lui vada allo spettacolo.
2. Crediamo di fare un viaggio. (tu)—Crediamo che tu faccia un viaggio.
3. È possibile finire presto. (io)—È possibile che io finisca presto.
4. Desideri stare in Italia. (voi)—Desideri che voi stiate in Italia.
5. Dubitate di essere al dibattito. (noi)—Dubitate che noi siamo al dibattito.
6. Voglio conoscere quella stella. (lui)—Voglio che lui conosca quella stella.
7. Speri di vedere quella commedia. (io)—Speri che io veda quella commedia.
8. Dubita di capire quel gioco. (tu)—Dubita che tu capisca quel gioco.
9. Bisogna sapere usare il telecomando. (voi)—Bisogna che voi sappiate usare il telecomando.
10. Le piace andare al circolo di nuoto. (loro)—Le piace che loro vadano al circolo di nuoto.
11. Sono felice di uscire con gli amici. (lui)—Sono felice che lui esca con gli amici.
12. Desideriamo venire alla festa. (tu)—Desideriamo che tu venga alla festa.
13. Volete mangiare al ristorante. (noi)—Volete che noi mangiamo al ristorante.

14. Ha paura di non finire il ritratto. (io)—Ha paura che io non finisca il ritratto.
15. È importante abbassare il volume. (voi)—È importante che voi abbassiate il volume.

I. *For each item, you will hear a short sentence in the indicative. Then you will hear a short phrase that takes the subjunctive. Begin with this second phrase, and make the first a subordinate clause in the present subjunctive. You will hear a confirmation of each response.*

MODELLO   Loro arrivano a Roma. Credo che
Credo che loro arrivino a Roma.

1. Giulia non dice niente. Mi dispiace che—Giulia non dica niente.
2. Voi uscite oggi. Speriamo che—voi usciate oggi.
3. Io vado in vacanza. È bene che—io vada in vacanza.
4. Loro partono domani. Sembra che—loro partino domani.
5. Tu preferisci il pesce. Sono felice che—tu preferisca il pesce.
6. Noi capiamo tutto. Lui dubita che —noi capiamo tutto.
7. Io scrivo la lettera. La mamma vuole che—io scriva la lettera.
8. Mario va in Europa. È incredibile che—Mario vada in Europa.
9. Loro comprano una macchina. È possibile che—loro comprino una macchina.
10. Voi date una festa. È necessario che—voi diate una festa.

CONGIUNTIVO PASSATO

J. *For each item, you will hear a short sentence in the present perfect. Then you will hear a short phrase that takes the subjunctive. Begin with this second phrase, and make the first a subordinate clause in the past subjunctive. You will hear a confirmation of each response.*

MODELLO   Le ragazze sono partite. Mi dispiace che

Mi dispiace che le ragazze siano partite.

1. Sono venuti in treno. È probabile che—siano venuti in treno.
2. Ho mangiato un pollo. La mamma è felice che—abbia mangiato un pollo.
3. Ciro ha ascoltato la radio. Non è vero che—Ciro abbia ascoltato la radio.
4. Maria si è divertita. Penso che—Maria si sia divertita.
5. Noi ci siamo riposati. È bene che—noi ci siamo riposati.
6. Tu hai preparato la cena. Io spero che—tu abbia preparato la cena.
7. Voi avete conosciuto una stella. È incredibile—che voi abbiate conosciuto una stella.
8. Lei ha detto "buon giorno". Sembra che—lei abbia detto "buon giorno".
9. Loro si sono litigati. È triste che—loro si siano litigati.
10. Ho visto il programma. Dubitano che—abbia visto il programma.

Capitolo 18

Gli italiani in America

 IMPERFETTO DEL CONGIUNTIVO

A. *You will hear sentences that begin with* **Sembra** *and include a present subjunctive. Restate each sentence, beginning with* **Sembrava,** *and change the present subjunctive to the imperfect subjunctive. You will hear a confirmation of each response.*

MODELLO   Sembra che Vito mangi al ristorante.
Sembrava che Vito mangiasse al ristorante.

1. Sembra che tuo marito venga da Licata.—Sembrava che tuo marito venisse da Licata.
2. Sembra che quel denaro sia del muratore.—Sembrava che quel denaro fosse del muratore.
3. Sembra che io non abbia i documenti.—Sembrava che io non avessi i documenti.
4. Sembra che noi dobbiamo lasciare il paese.—Sembrava che noi dovessimo lasciare il paese.
5. Sembra che i frati mangino bene.—Sembrava che i frati mangiassero bene.
6. Sembra che tu finisca il giornale.—Sembrava che tu finissi il giornale.
7. Sembra che la monaca si riposi.—Sembrava che la monaca si riposasse.
8. Sembra che io non veda niente.—Sembrava che io non vedessi niente.
9. Sembra che noi non leggiamo l'orario.—Sembrava che noi non leggessimo l'orario.
10. Sembra che i musicisti temano quel direttore.—Sembrava che i musicisti temessero quel direttore.
11. Sembra che tu offra un brindisi.—Sembrava che tu offrissi un brindisi.
12. Sembra che voi abbiate un impiego.—Sembrava che voi aveste un impiego.
13. Sembra che quel pugile sia troppo nervoso.—Sembrava che quel pugile fosse troppo nervoso.
14. Sembra che io non stia bene.—Sembrava che io non stessi bene.
15. Sembra che noi partiamo subito.—Sembrava che noi partissimo subito.

B. *You will hear a series of questions. Answer the questions affirmatively with* **Sì** *using the imperfect indicative and the imperfect subjunctive. You will hear a confirmation of each response.*

MODELLO   Credi che Carlo arrivi tardi?
Sì, credevo che Carlo arrivasse tardi.

1. Hai paura che tuo fratello non si diverta?—Sì, avevo paura che mio fratello non si divertisse.
2. Temi che quell'impiego non paghi bene?—Sì, temevo che quell'impiego non pagasse bene.
3. Insistono che i genitori vedano la partita?—Sì, insistevano che i genitori vedessero la partita.
4. È possibile che queste notizie non siano vere?—Sì, era possibile che queste notizie non fossero vere.
5. Avete paura che noi dirigiamo male il lavoro?—Sì, avevamo paura che voi dirigeste male il lavoro.
6. È difficile che quel poliziotto capisca l'inglese?—Sì, era difficile che quel poliziotto capisse l'inglese.
7. Vuoi che io prenda questa medicina?—Sì, volevo che tu prendessi questa medicina.
8. Dubitate che la trasmissione sia intelligente?—Sì, dubitavamo che la trasmissione fosse intelligente.
9. La mamma spera che tu dorma nel parco?—Sì, la mamma sperava che tu dormissi nel parco.
10. È necessario che i risparmi vadano alle banche?—Sì, era necessario che i risparmi andassero alle banche.

C. *Restate the sentences, making io the subject of the second verb. You will hear a confirmation of each response.*

MODELLO   Era importante studiare ogni sera.
Era importante che io studiassi ogni sera.

1. È stato necessario allontanarsi dal paese.—È stato necessario che io mi allontanassi dal paese.
2. Sarebbe possibile arrangiarsi in America.—Sarebbe possibile che io mi arrangiassi in America.
3. Aveva desiderato essere un pugile.—Aveva desiderato che io fossi un pugile.
4. Preferiresti diventare prete.—Preferiresti che io diventassi prete?
5. Era importante avvicinarsi alla famiglia.—Era importante che io mi avvicinassi alla famiglia.
6. Hanno pensato di vestirsi bene.—Hanno pensato che io mi vestissi bene.
7. Vorrebbero ricevere un bel regalo.—Vorrebbero che io ricevessi un bel regalo.
8. Avevate paura di uscire con quel poliziotto.—Avevate paura che io uscissi con quel poliziotto.

IL PERIODO IPOTETICO

D. *Restate the sentences using the present conditional and the imperfect subjunctive in the se clause. Then restate them using the past conditional and the pluperfect subjunctive in the se clause. You will hear a confirmation of each response.*

MODELLO   Mangerò se avrò fame.
Mangerei se avessi fame.
Avrei mangiato se avessi avuto fame.

1. Sarò stanco se non dormirò.—Sarei stanco se non dormissi. Sarei stato stanco se non avessi dormito.
2. Andrà a letto se non finirà la cena.—Andrebbe a letto se non finisse la cena. Sarebbe andato a letto se non avesse finito la cena.
3. Se abbassiamo il volume, non sentiamo niente.—Se abbassassimo il volume, non sentiremmo niente. Se avessimo abbassato il volume, non avremmo sentito niente.
4. Se lascerete il vostro paese, sarete tristi.—Se lasciaste il vostro paese, sareste tristi. Se aveste lasciato il vostro paese, sareste stati tristi.
5. Carlo brinderà se troverà un impiego.—Carlo brinderebbe se trovasse un impiego. Carlo avrebbe brindato se avesse trovato un impiego.
6. Se emigrano in America, vanno a Brooklyn.—Se emigrassero in America, andrebbero a Brooklyn. Se fossero emigrati in America, sarebbero andati a Brooklyn.
7. Vieni al veglione se hai tempo.—Verresti al veglione se avessi tempo. Saresti venuto al veglione se avessi avuto tempo.
8. Se vedremo gli amici, li saluteremo.—Se vedessimo gli amici, li saluteremmo. Se avessimo visto gli amici, li avremmo salutati.

Espansione grammaticale

LA FORMA PASSIVA

E. *You will hear sentences in the passive voice. Restate each sentence changing the passive voice to the active voice. You will hear a confirmation of each response.*

MODELLO   Il dolce è stato ordinato da Carlo.
          Carlo ha ordinato il dolce.

1. I bauli erano stati lasciati dagli zii.—Gli zii avevano lasciato i bauli.
2. Il documento è stato dato dalla poliziotta.—La poliziotta ha dato il documento.
3. Il vantaggio è stato perso da quel pugile.—Quel pugile ha perso il vantaggio.
4. La banana era offerta dalla mamma.—La mamma offriva la banana.
5. L'affresco è stato dipinto da Michelangelo.—Michelangelo ha dipinto l'affresco.
6. Il denaro è stato dato da noi—Noi diamo il denaro.
7. Le tasse non sarebbero state pagate da loro.—Loro non avrebbero pagato le tasse.
8. La lettera non è stata scritta da me.—Io ho scritto la lettera.
9. Quella chiesa sarà stata costruita dal signor Rossi.—Il signor Rossi avrà costruito quella chiesa.
10. Le scarpe sono pulite da voi.—Voi pulite le scarpe.
11. Il dolce è stato fatto da te.—Tu hai fatto il dolce.
12. Il pollo sarà arrostito da noi.—Noi arrostiremo il pollo.

Answer Key

Workbook Answers

P.1 1. fatality 2. cruelty 3. festivity 4. fixation 5. foundation 6. gracious
7. precious 8. geology 9. orthography 10. present 11. independent
12. abstinence 13. credible 14. violinist 15. guitarist

P.2 1. ventisei 2. diciotto 3. trentacinque 4. nove 5. quarantotto 6. tre
7. cinquantacinque 8. ottantaquattro 9. cinquanta 10. novantaquattro 11. quattro
12. ottantaquattro

P.3 1. gesso 2. finestra 3. libro 4. matita 5. penna 6. porta 7. quaderno
8. sedia 9. banco 10. lavagna

P.4 1. dicembre 2. febbraio 3. ottobre 4. novembre 5. giugno 6. settembre
7. maggio 8. settembre 9. *Answers will vary.* 10. *Answers will vary.*

P.5 1. il nove luglio 2. il dodici agosto 3. il due marzo 4. il trenta gennaio
5. il tredici ottobre 6. il sedici febbraio 7. il quattro maggio 8. il quindici aprile

P.6 1. settembre, ottobre, novembre, dicembre 2. dicembre, gennaio, febbraio,
marzo 3. marzo, aprile, maggio, giugno 4. giugno, luglio, agosto, settembre

P.7 *Answers will vary.*

 CAPITOLO 1

1.1 a. parco b. biblioteca c. cinema d. libreria e. discoteca f. palestra
g. dormitorio h. mensa i. teatro j. campo

1.2 1. Buon, come, bene   2. Mi, come, ti   3. sono, di   4. C'è   5. a

1.3 1. Ciao, mi chiamo Carlo. Come ti chiami? Gina Radicchio. Piacere!   2. Buon giorno, professor Cornacchia, come sta? Non c'è male, grazie. E Lei? Bene. A domani.

1.4 1. sei   2. siete   3. siamo   4. è   5. sono   6. è, sono

1.5 1. Lei   2. voi   3. Tu   4. Noi   5. Loro   6. Lei, lui

1.6 1. Ci sono due professori americani   2. Giulia è di Macerata.   3. È un'automobile tedesca.   4. Noi siamo in ufficio.   5. Voi siete di Cepagatti.   6. Ci sono tre lzaini.

1.7 1. ms   2. mp   3. fs   4. fp   5. ms   6. mp   7. ms   8. ms   9. mp   10. fs   11. fs   12. fp   13. fs   14. fp   15. fs

1.8 1. C'è uno studente.   2. C'è un teatro.   3. C'è una calcolatrice.   4. C'è una lezione.   5. C'è una studentessa.   6. C'è un italiano.   7. C'è un libro.   8. C'è uno zaino.   9. C'è una zia.   10. C'è un'americana.   11. C'è una mensa.   12. C'è un'aula.

1.9 1. C'è un libro italiano.   2. C'è ragazzo forte e sportivo.   3. È una lezione difficile.   4. C'è uno studente intelligente.   5. È una macchina francese bella.   6. Non c'è una studentessa pigra e irresponsabile.

1.10 1. Ci sono due signori nervosi.   2. Sono due ragazze belle e intelligenti.   3. Dove sono due zaini eleganti?   4. Ci sono due giovani italiani alti e biondi.   5. Sono due cani furbi e divertenti.   6. Non sono due stadi grandi e belli.

1.11 1. No, è una brutta macchina.   2. No, è un vecchio professore.   3. No, è una cattiva mensa.   4. No, è uno studente simpatico.   5. No, è un corso noioso.   6. No, è una signora avara.

1.12 **A.**   1. Ci sono venti studenti giapponesi in biblioteca.   2. Dov'è un grande quaderno?   3. Mino è un piccolo satto.   4. Non è un'estate divertente.   5. C'è una giovane ragazza in mensa.   6. C'è un piccolo cane a casa.   **B.**   1. È un giovane molto bello.   2. Muzio e Filippo sono giovani studenti francesi.   3. È un ristorante nuovo e piccolo.   4. Ci sono molti professori simpatici.   5. Non ci sono cattivi libri italiani.   6. Ecco due vecchie macchine nere.

1.13 *Answers will vary.*

1.14 1. C'è un grande parco.   2. È un amico simpatico.   3. È un artista molto bravo.   4. Dov'è una piccola città inglese?   5. Quale zio è di Ancona?   6. Il nuovo film italiano è lungo?

CAPITOLO 2

2.1 A. *Answers will vary.* **B.** 1. dirigente 2. medico 3. avvocato 4. pilota 5. architetto 6. giornalista

2.2 A. Scusi; Sì; Grazie; Lei, di; Sono. **B.** Ciao; Hai; colori; Ti; È; dove; hai; buon

2.3 1. Dov'è il parcheggio Manolesta? 2. Dov'è la biblioteca Marucelliana? 3. Dov'è lo stadio San Paolo? 4. Dov'è l'università di Urbino? 5. Dov'è l'orologio di Pulcinella? 6. Dov'è lo zaino Invicta? 7. Dov'è la scrivania dell'Ingegner Poldo? 8. Dove sono i quaderni gialli? 9. Dov'è la studentessa algerina Fathma? 10. Dove sono gli amici russi Yuri e Olga? 11. Dov'è il professor Bianchi? 12. Dov'è la cameriera Cesira?

2.4 1. Le scuole sono buone. 2. I negozi sono eleganti. 3. Gli inverni sono molto lunghi. 4. I vestiti sono verdi. 5. Dove sono gli studenti americani? 6. Le giornaliste non sono vecchie.

2.5 1. un; l' 2. uno; lo 3. un'; l' 4. un'; l'; 5. un; l' 6. una; la

2.6 1. C'è il dottor Panzanella? 2. Buon giorno, professor Prosciutti. 3. La lezione è il giovedì. 4. Dove sono il negozio, la scuola e gli uffici? 5. Non c'è una conferenza venerdì. 6. Quante case ci sono? 7. L'Italia è piccola.

2.7 1. Ecco gli gnocchi. 2. Ecco il vino. 3. Ecco il parco. 4. Ecco la rivista. 5. Ecco gli amici. 6. Ecco gli spaghetti.

2.8 1. ha 2. hanno 3. ho 4. avete 5. hai 6. abbiamo

2.9 1. ha 2. hanno 3. avete 4. hai 5. hanno 6. ho

2.10 Ha freddo. 2. Abbiamo sete. 3. Avete fame. 4. Hanno sonno. 5. Hai paura. 6. Ho ragione.

2.11 1. Hanno fame. 2. Ha sete. 3. Ha sonno. 4. Ha caldo.

2.12 1. Quanti anni hai? 2. Ho diciotto anni. 3. Tullia ha fretta. 4. Rocco e Nigel hanno bisogno di un avvocato. 5. Abbiamo fame. 6. "Professor Palma, ha freddo?" 7. "Nino, hai sete? Ecco una bevanda." 8. È estate e voi avete caldo. 9. Ho bisogno di una sedia. 10. Questi vestiti da uomo sono di buon gusto.

2.13 *Answers will vary.*

3.1 1. il figlio   2. la figlia   3. il marito   4. la moglie   5. la zia   6. il fratello
7. lo zio   8. la cugina   9. la sorella   10. il cugino   11. la cognata   12. i nonni

3.2 *Answers will vary.*

3.3 A: Hai una moglie?   G: Sì, si chiama Veronica e ha un lavoro in una grande
azienda. È sposato Lei? A: Sì, ma sono divorziato. Ho due figli, Fabio e Faustina. Hanno
otto e dieci anni.

3.4 Madre: chi; invitiamo; festa; tuo Stefano: miei; ricevo; regali Madre: tuoi
Stefano: Sei; desiderano parlano Gabriella: Pronto; chi Sandra: Sono Gabriella: Cosa
Sandra: lavoro; incontro   continuano; parlare; minuti

3.5 1. Stefano ha una festa di compleanno. 2. Stefano desidera invitare i suoi amici
(gli amici). 3. Gabriella parla con Sandra.   4. Sandra lavora e di pomeriggio incontra
Laura.   5. Sandra guarda la televisione il mercoledì.   6. Gabriella desidera andare a
ballare al Hollywood Club.   7. No, Gabriella desidera guidare (guida volentieri).

3.6 C: Pronto, chi parla? G: Ciao! Cosa fai mercoledì sera? C: Guardo la televisione.
G: E giovedì sera? C: Compro una nuova macchina. G: Sabato pomeriggio perchè non
andiamo a ballare al "Planet Palermo" con Helga e Gina? C: Buon'idea!

3.7 1. Sono i suoi parenti?   2. Sono i suoi nipoti?   3. È il mio amico?   4. È il loro
incontro?   5. È la vostra musica?   6. Sono le tue lettere?   7. Sono i loro regali?
8. È la sua famiglia?

3.8 1. i suoi bambini   2. le loro case   3. le sue macchine   4. i miei vestiti
5. i tuoi lavori   6. le nostre televisioni   7. i vostri telefoni   8. i loro zaini

3.9 1. la Sua   2. le tue   3. il tuo   4. i Suoi   5. i vostri   6. il Loro

3.10 1. il mio   2. sua   3. sua   4. la loro   5. il loro   6. mio   7. la nostra
8. i miei

3.11 1. I miei parenti sono simpatici.   2. Come sta Sua sorella?   3. Il loro figlio è
alto.   4. Ecco il tuo nipote italiano.   5. C'è nostro fratello?   6. Il suo compleanno è in
gennaio.

3.12 1. abitano   2. abitate   3. abiti   4. abitiamo.

3.13 1. parlo   2. parla   3. parla   4. parlano

3.14 1. prendiamo   2. prende   3. prendete   4. prendi

3.15 1. scrive   2. scrivo   3. scrivono   4. scrive

3.16 1. guido   2. balla   3. prende   4. comprate   5. ascoltiamo   6. scrivi
7. leggono   8. guardiamo

3.17 1. mangia   2. cerchiamo   3. gioca   4. studiamo   5. litigano   6. sei;
dimentichi   7. viaggiate   8. comincia

3.18 1. Compro un regalo.   2. I miei genitori viaggiano a Caltanisetta giovedì.
3. Non parlano italiano.   4. Il venerdì mangiamo con mia nonna.   5. "Carlo, cerchi una
nuova macchina?"   6. "Professor Pinelli, legge il giornale?"   7. Io guido a Palermo con i
miei amici.   8. In agosto, Gaspara non guarda la televisione; balla in una discoteca!

3.19 *Answers will vary.*

3.20 *Answers will vary.*

3.21 1. Carmine non mangia mai i cannoli.   2. Qualche volta prendiamo l'autobus.
3. Non scrive spesso ai suoi cugini.   4. Gino e Heinz studiano sempre di sera (la sera).

3.22 1. Nathan, un mio amico, ha paura del dottore.   2. Yagoub è il mio amico.
3. Tuo fratello è stanco.   4. Quale tuo parente abita a Tangeri?

◆ **CAPITOLO 4**
_____

4.1 *Answers will vary. Possible answers are:*   1. una felpa   2. una gonna e un golf.
3. una camicia, un golf e un paio di pantaloni   4. un costume da bagno   5. una
camicia, una cravatta, una giacca e un paio di pantaloni   6. una maglietta e un paio di
pantaloncini

4.2 *Answers will vary.*

4.3 1. Anna è in un negozio di via Veneto.   2. Anna desidera comprare una gonna.
3. Desidera uno sconto perchè non desidera pagare 300.000 lire.   4. Paga 300.000 lire.
5. Il signor Piacesi è in un negozio di frutta e verdura.   6. Compra le fragole e l'uva.
7. Il fruttivendolo non ha i fagiolini.   8. Ritorna domani per comprare i fagiolini.

4.4 1. dormi   2. offre   3. preferisco   4. capisce   5. desiderano   6. costa
7. pulite   8. finisce   9. prendono   10. apriamo   11. parti   12. vedo

4.5 1. centocinquantamila   2. settantaquattromilaquattrocento   3. duecentonovan-
tatremiladuecento   4. quattrocentotrentaseimila   5. ottantaseimilanovecento
6. cinquemilaseicento   7. ventisettemilaottocento   8. quattromilasettecentocinquanta
9. diciottomiladuecento   10. seimilacento

4.6 1. Quanti ne abbiamo? Qual è la data? 2. Quando sei nato(a)? 3. Quando è il tuo compleanno? 4. Sono nato(a) il primo luglio. 5. Oggi e il quindici settembre, millenovecentonovantasette.

4.7 D: Ciao, Orazia! Sei in ritardo! A: Pulisco la mia camera il sabato mattina. Che ore sono? D: Sono le dieci. Desideri andare al negozio? A: Sì, ma incontro mia madre all'ufficio all'una in punto. D: A mezzogiorno e mezzo siamo al suo ufficio. Va bene? A: Quando arrivo presto mia madre è felice. Guarda—l'autobus parte in orario alle undici meno un quarto. Andiamo!

CAPITOLO 5

5.1 *Answers will vary. Possible answers are:* (Cristina) professionista, pratica, dinamica; Passa; sportiva, atletica; fare i compiti; sentimentale, romantiche. (Gemma) attraente, professionista, intelletuale; autosufficiente, indipendente; trova; uomo; i fiori

5.2 1. Giovanna è di Sirmione e ha venticinque anni. 2. Marco e Caterina sono professionisti: lavorano in una banca. 3. Suo marito è avvocato e gioca a tennis. 4. Mia madre è una donna indipendente, pratica e colta.

5.3 1. Giulia e Elena sono al negozio di alimentari. 2. È un po' stanca perchè ieri sera è ritornata tardi dal lavoro. 3. Ha veduto un film molto divertente di Woody Allen. 4. L'insegnante ha telefonato perchè Lisa è arrivata in ritardo; Pierino ha invitato i suoi amici dopo la scuola; ha cenato alle nove e ha finito in cucina alle undici. 5. Perchè Alessandra lavora due ore supplementari. 6. Valentina cerca un lavoro come infermiera. 7. Valentina non desidera cucinare, fare il bucato e guardare *Beautiful* e *Dallas* tutto il giorno. 8. Valentina vede Giuseppe per un momento al bar.

5.4 *Answers will vary.*

5.5 1. casalinga 2. colta 3. emancipata 4. dinamica 5. divertente 6. attraente

5.6 *Possible answers are:* 1. La mamma fa il bucato perchè ama i figli. 2. Io sono stanco di cucinare la cena per i parenti. 3. Noi incontriamo l'infermiere Sergio Simoni al bar. 4. Francesca Mira non capisce perchè il marito gioca a tennis. 5. Giorgio, un uomo moderno, passa il tempo a guardare la televisione.

5.7 1. lavato 2. preparato 3. stirato 4. aiutato 5. lavorato 6. capito 7. dormito 8. pulito 9. avuto 10. ricevuto 11. dimenticato 12. ripetuto 13. sentito 14. veduto 15. spedito

5.8 1. ha cenato 2. ha pulito 3. abbiamo veduto 4. avete ripetuto 5. hanno finito; hanno guardato 6. ha cercato 7. ho capito 8. ha cucinato 9. hanno ricevuto

10. ha mangiato   11. hai portato   12. avete sentito   13. abbiamo veduto   14. ho
servito   15. ha mostrato

5.9 1. sei partito(a); sei arrivato(a); sei restato(a); sei ritornato(a) 2. è entrato; ha
pulito; ha preparato; ha aspettato   3. siamo usciti(e); siamo andati(e); abbiamo ordinato;
abbiamo ballato; abbiamo dormito

5.10 *Answers will vary.*

5.11 1. Il signor Savarani è nato a Lecco.   2. Mia sorella ha letto un libro.   3. Cosa
hai fatto?   4. I loro cugini non sono stati alla festa di compleanno.   5. Signora Rinaldi,
perchè non è venuta alla palestra?   6. Abbiamo perso lo scontrino.   7. Ho scritto a mio
fratello.   10. Gino e Enrico, avete preso le paste?

5.12 1. Perchè ho già cominciato a mangiare le cipolle.   2. Perchè sono già sceso(a)
dalla macchina.   3. Perchè ho già salito le scale.   4. Perchè ho già passato le vacanze a
Sirmione.   5. Perchè sono già saltato dall'autobus.

5.13 1. Il film è cominciato a mezzogiorno.   2. Mio fratello è cambiato: ora è molto
alto.   3. La lezione è finita in orario.   4. Le fragole sono finite.   5. Ho cominciato a
mangiare il prosciutto.   6. Il commesso ha cambiato la giacca.

 CAPITOLO 6

6.1 1. Lidia passa le vacanze in campagna. Va in treno. Dorme in un sacco a pelo.
2. Silvio passa le vacanze al mare. Va con l'autostop. Prende il sole.   3. Martina passa le
vacanze al lago. Va in bicicletta (bici). Affitta una casa.   4. Fabio passa le vacanze in
montagna. Va in motocicletta (moto). Usa una cartina.   5. Ugo passa le vacanze in
campaggio. Va in macchina (in automobile/auto). Sta in una pensione.

6.2 *Answers will vary.*

6.3 piace; in; d'; in; noleggiare; volta; di; in; affittare; a pelo; ho; di; valigia; treno; c'; la

6.4 1. Perchè cercano un posto tranquillo per passare una vacanza.   2. Sandra
preferisce un'isola romantica con dei bei tramonti dove può fare passeggiate sulla spiaggia.   3. Perchè fa molti viaggi all'estero per il suo lavoro.   4. Perchè la sua famiglia ha
una villa dove vanno tutti i suoi parenti e due zie americane che sono molto noiose.   5.
Perchè il posto è molto bello e ideale per una vacanza tranquilla.   6. Hanno un soggiorno
di due settimane, tutto compreso.   7. Perchè giovedì hanno i biglietti.

6.5 1. Mi piace viaggiare in macchina o in treno.   2. Passiamo la nostra vacanza al
mare.   3. Dove hai comprato la tua valigia?   4. Cerchi il tuo passaporto?   5. Il signor
Cossu ha fatto molti viaggi all'estero.   6. Iosto ha preso i suoi biglietti per la spiaggia.

6.6 *Answers will vary.*

6.7 *Answers will vary.*

6.8 1. No, desidero quella cartina. 2. No, desidero quella bicicletta. 3. No, desidero quei fiori. 4. No, desidero quello zaino. 5. No, desidero quelle scarpe. 6. No, desidero quell'abbigliamento. 7. No, desidero quell'uva. 8. No, desidero quei broccoli. 9. No, desidero quegli gnocchi. 10. No, desidero quegli assegni turistici.

6.9 1. quella 2. quello 3. quella 4. quelli 5. quelli 6. quello 7. quelli 8. quella 9. quello 10. quelli

6.10 1. Sì, compro quel bel vino bianco. 2. Sì, compro quei bei salumi. 3. Sì, compro quelle belle cipolle. 4. Sì, compro quei begli spaghetti. 5. Sì, compro quelle belle fragole. 6. Sì, compro quella bell'arancia. 7. Sì, compro quel bello zucchino. 8. Sì, compro quel bell'aereo.

6.11 1. Conosciamo due buoni alberghi italiani. 2. Hanno lavorato in due buone cucine. 3. I miei zii preferiscono due buoni stipendi. 4. Sono due campeggi molto buoni. 5. Sono state due buone estati. 6. Hanno cercato due buone pensioni eleganti.

6.12 1. do 2. fa 3. sta 4. fai 5. dà 6. fai 7. danno 8. fate 9. va (sta), sta 10. andiamo

6.13 1. Mimmo non sta mai zitto. 2. Hai dato l'esame? 3. Che tempo fa oggi? 4. Dottor Pini, ha fatto colazione? 5. Facciamo una passeggiata! 6. Non sto bene.

6.14 1. è caduto 2. ha fatto 3. è andato 4. ho dato 5. hai fatto 6. ha costruito 7. ho corso 8. è cominciato 9. sono andato(a) 10. ha fatto 11. ho spedito 12. siamo arrivati(e)

6.15 1. le tue 2. i nostri 3. il mio 4. la tua 5. le sue 6. i miei 7. i tuoi 8. i loro

6.16 1. Tu fai lavare la macchina a Ottavio. 2. Io ho fatto pulire il pesce. 3. Renato fa fare il bucato a sua madre. 4. Ha fatto andare in treno il signor Biffaroni. 5. Il dottore ha fatto aspettare la signora Pinna. 6. Lei fa andare i bambini in piscina.

CAPITOLO 7

7.1 1. Sofia prende lezioni di karatè. 2. Piero ascolta la musica. 3. Marco e Remo fanno il campeggio. 4. Ennio e Clara vanno a un concerto rock. 5. Gina e Sara giocano a carte. 6. Il signor Martini dipinge. 7. Elisabetta va in palestra. 8. Franca e Guido chiacchierano.

7.2 1. Prende lezioni di ballo. 2. Fanno il campeggio. 3. Fanno due passi 4. Va in palestra. 5. Vanno a un concerto. 6. Ascolta la musica. 7. Giocano a pallacanestro. 8. Dipinge.

7.3 *Answers will vary.*

7.4 1. Il giornalista intervista una giovane coppia di Torino. 2. Lei si sveglia alle sei, si alza immediatamente, fa la doccia, si lava i capelli, si veste mentre prende un caffè, corre per mezz'ora e poi comincia a dipingere. 3. Lui si sveglia tardi, si lava, si fa la barba, si mette i jeans e la maglietta, si siede e lavora nel suo studio. 4. Perchè la sera può rilassarsi e ascoltare le sue canzoni. 5. Perchè si amano.

7.5 1. mi chiamo 2. si laurea 3. ci svegliamo 4. vi riposate 5. si arrabbia 6. ti addormenti 7. si annoiano 8. mi diverto

7.6 1. Laura si diverte con i suoi amici. 2. Io lavo il bagno. 3. Si chiama Elvira. 4. Mia madre sveglia mio fratello alle sette. 5. Ci svegliamo presto. 6. "Ti lavi la faccia la mattina?" 7. Milena si mette il vestito rosso. 8. Guido e Francesco chiamano l'albergo. 9. Mi vesto e mi pettino. 10. Dottor Morganti, come si sente oggi?

7.7 1. Mi sono svegliato(a). 2. Mi sono alzato(a) 3. Mi sono lavato(a) la faccia. 4. Mi sono pettinato(a). 5. Mi sono vestito(a). 6. Mi sono messo(a) le scarpe.

7.8 *Answers will vary.*

7.9 1. Zoltan e Ludmilla si sono divertiti al Big Club. 2. "Signor Esposito, si è fatto la barba stamattina?" 3. Mia sorella non si è mai addormentata a mezzanotte. 4. Ci siamo svegliati all'una. 5. Liliana si è messa la camicia. 6. Enzo e Fabio si sono sempre scritti in estate.

7.10 1. si baciano 2. vi siete aiutati 3. ci siamo salutati 4. si sono scritti

7.11 1. Ha fatto colazione? 2. Avete fatto colazione? 3. Hai fatto colazione? 4. Abbiamo fatto colazione? 5. Hanno fatto colazione?

7.12 1. Puoi venire domenica? 2. Potete venire domenica? 3. Possono venire domenica? 4. Può venire domenica? 5. Possiamo venire domenica?

7.13 1. voglio 2. vogliamo 3. volete 4. vuole 5. vogliono 6. vuoi

7.14 1. Devo laurearmi in gennaio. 2. Irene, puoi fare una passeggiata ora? 3. Non possiamo fare prenotazioni per il nostro soggiorno. 4. "Signora Stompanato, può avere il suo bagaglio." 5. Tu devi dare il tuo biglietto a Riccardo. 6. Voglio scrivere una canzone.

7.15 1. ci affrettiamo 2. si stanca 3. mi presento 4. vi fate male 5. si trova

CAPITOLO 8

8.1 *Arlecchino:* popolare, simpatico, povero, buffo. *Pulcinella:* pigro, estroverso. *Pantalone:* vecchio, ricco, avaro, sfortunato. *Colombina:* graziosa, vivace, innamorata, fedele.

8.2 *Answers will vary.*

8.3 1. a; in 2. a; con 3. su 4. da 5. a 6. per 7. di; tra 8. di 9. di 10. sotto

8.4 1. È tra i libri. 2. È sulla tavola. 3. È nello zaino. 4. È sotto la sedia. 5. È sui libri. 6. È nella valigia.

8.5 1. Filippo va a Capri, in Italia. 2. Darrell è stato negli Stati Uniti. 3. Io sto da Vittorio. 4. Andiamo dal dottore. 5. Claudio, vuoi viaggiare in macchina? 6. Non mangio il formaggio da un anno. 7. Devi telefonare presto per fare le prenotazioni. 8. Parlano italiano da due settimane.

8.6 1. del/della; d' 2. all' 3. in/nella 4. da 5. a; in 6. nel; della 7. dal 8. a; per. *Answers to the questions will vary.*

8.7 1. Vuoi della torta? 2. Vuoi del vino? 3. Vuole delle carote? 4. Vuole degli zucchini? 5. Vuoi dei fagiolini? 6. Vogliono dei broccoli? 7. Volete del melone? 8. Vogliono delle arance?

8.8 1. qualche 2. un po' di 3. qualche 4. alcune 5. alcune 6. un po' di 7. un po' di 8. qualche

8.9 1. Non vogliamo zucchero nel nostro caffè. 2. Vuoi del (un po' di) pesce? 3. Emilio ha comprato alcune maschere (qualche maschera) a Venezia. 4. Chuck Morris e Victor Laszlo vogliono del prosciutto (un po' di prosciutto). 5. Ho dato un po' di zucchero a mio fratello. 6. Portiamo qualche camicia (alcune camicie) in Italia.

8.10 1. sono uscite 2. è venuto 3. ha detto 4. sono uscito(a) 5. siamo venuti(e) 6. avete detto 7. hai fatto 8. ho preso 9. sono stati 10. hai scritto

8.11 1. Preferisco fare... 2. Aiuto a... 3. Imparano a... 4. Finisce di... 5. Non desiderano studiare... 6. Pensa di... 7. Decide di... 8. Voglio cominciare a... 9. Vanno a... 10. Può divertirsi...

8.12 1. Al ristorante, zio Roberto ha avuto (preso) un piatto alla veneziana. 2. Mia madre ha comprato una bicicletta da uomo e delle scarpe da tennis per Ermanno. 3. A Carnevale, ti vesti da infermiera. 4. Abbiamo una tenda da montagna di cotone. 5. "Poldo, non devi uscire di casa!" 6. Posso finire il libro fra un ora.

CAPITOLO 9

9.1 1. P / l'uovo di cioccolato   2. N / il tacchino   3. C / il veglione   4. N / il giocattoli   5. E / la Befana   6. N / il panettone   7. N / le candele   8. P / la colomba pasquale

9.2 1. accendo   2. facciamo; salute   3. usanze; fare   4. vigilia; buon appetito   5. auguri   6. Befana; regali   7. uovo   8. ci

9.3 1. Parlano dei preparativi di Natale.   2. No, non si vedono ogni settimana.   3. Passano il Natale a casa loro.   4. Degli amici del Texas vengono a stare con loro.   5. Vuole organizzare un ballo "western".   6. Si chiama Marco.   7. Pensa di andare dai genitori del marito.   8. Vanno al ballo di Cristina e suo marito.   9. Vuole la ricetta per il panettone.   10. Va da Graziella.

9.4 1. Li voglio. (Non li voglio.)   2. La voglio. (Non la voglio.)   3. Lo voglio. (Non lo voglio.)   4. Le voglio.   5. Le voglio.   6. La voglio.   7. Li voglio.   8. Lo voglio.

9.5 1. Sì, La ascolto (L'ascolto).   2. Sì, La seguo.   3. Sì, li compro.   4. Sì, lo aspetto (l'aspetto).   5. Sì, la cerchiamo.   6. Sì, li apriamo.

9.6 1. La; mi   2. ti   3. Li   4. vi   5. vi   6. La

9.7 1. Sì, l'ho portato.   2. Sì, le ho portate.   3. Sì, li ho portati.   4. Sì, l'ho portata.   5. Sì, li ho portati.   6. Sì, l'ho portato.   7. Sì, le ho portate.   8. Sì, l'ho portata.

9.8 1. Sì, le ho visitate. (Non le ho visitate.)   2. Sì, l'ho noleggiata. (Non l'ho noleggiata.)   3. Sì, l'ho comprata.   4. Sì, le ho fatte.   5. Sì, l'ho guardata.   6. Sì, l'ho spedito a mio fratello.   7. Sì, li ho visti.   8. Sì, li ho letti.

9.9 1. "Signor Boiardi, L'ho vista in centro."   2. "Anastasia, hai aiutato tua madre?" "Sì, l'ho aiutata nel pomeriggio."   3. "Dove sono i regali?" "Flavio li ha portati."   4. "I bambini hanno cercato il libro?" "Sì, ma non l'hanno trovato."   5. Non sono tornato(a) con mia sorella perchè non l'ho aspettata.   6. Abbiamo cucinato gli spaghetti e li abbiamo mangiati.

9.10 1. conosci   2. conosce   3. conoscete   4. conoscono   5. conosce

9.11 *Answers will vary.*

9.12 1. conoscono   2. so   3. conosce   4. ha conosciuto   5. abbiamo saputo   6. conosce   7. sapete   8. conosci

9.13 1. Non l'ho conosciuta, così non conosco la sua faccia.   2. Hai saputo che sua madre gioca a calcio?   3. Conosco un buon ristorante italiano.   4. Carlo e Marilena sanno vestirsi bene.   5. Conosci una buona canzone?   6. Ho saputo che Guido e Rita si sono divertiti alla discoteca.

9.14 1. beve   2. beviamo   3. bevono   4. bevete   5. bevo   6. bevi

9.15 1. Non lo so.   2. Lo conosco.   3. Lo abbiamo conosciuto.   4. Non lo credono. 5. Non l'hanno detto.   6. Enrico, devi smetterla!

CAPITOLO 10

10.1 1. un film comico   2. un film spaghetti-western   3. un film giallo   4. un film d'avventura   5. un film dell'orrore   6. un film di fantascienza   7. un cartone animato 8. un film drammatico

10.2 *Answers will vary.*

10.3 1. Olga sei libera domani?   2. Ti va di andare al ballo?   3. Mi dispiace, ma non posso.   4. Peccato. Andiamo a fare due passi o chiacchieriamo.

10.4 1. Dice loro di visitare...   2. Le dice di mangiare...   3. Dice loro di andare... 4. Ci dice...   5. Vi dice...   6. Gli dice...   7. Dice loro...   8. Le dice...

10.5 1. Gli dà una cravatta.   2. Dà loro un panettone.   3. Le dà delle candele. 4. Ci dà una videocamera.   5. Vi dà dei Baci Perugina.   6. Le dà delle bocce.   7. Gli dà dei fiori.   8. Dà loro i portafogli.

10.6 1. Li ho invitati.   2. Le abbiamo comprato i regali.   3. Il signor Folonari gli ha detto di venire presto.   4. Perchè non l'hai scritta al giornalista?   5. Pierpaolo l'ha disegnata.   6. La zia Carmela l'ha cucinato per la famiglia.   7. Perchè non gli avete telefonato? 8. L'abbiamo aiutata al negozio.   9. La signora Pesce ha lavato i pantaloni per lui.   10. L'hai preparata?   11. Ci hanno regalato i biglietti per lo spettacolo.   12. La professoressa Tarallo ha insegnato loro la canzone.   13. Armando ha prestato loro i suoi compiti.   14. L'ho mostrato alla mamma.   15. Perchè hai mandato loro l'opuscolo?

10.7 1. Le ho scritto una lettera.   2. Hai visto la barca? L'hai comprata?   3. Gli abbiamo telefonato da casa.   4. L'hai aspettato?   5. L'hanno ascoltata.   6. Ho dato loro un regalo.   7. Gli abbiamo detto della spiaggia.   8. Gli hai fatto il dolce?

10.8 1. Sì, ci vado.   2. Sì, ci sto.   3. Sì, ci sono stato(a).   4. Sì, ci sono andato(a). 5. Sì, ci ho pensato.   6. Sì, ci sono salito(a).   7. Sì , ci credo.   8. Sì, ci devo essere. 9. Sì, ci sono tornato(a).   10. Sì, ci credo.   11. Sì, ci ho pensato.   12. Sì, ci vado.

10.9 1. Vogliamo portarlo a casa. (Lo vogliamo portare a casa.)   2. Ci sei stata.
3. L'abbiamo cercato.   4. I miei genitori non ci hanno cenato.   5. Ci siete andati?
6. Gli abbiamo mandato le informazioni.   7. Ci abbiamo nuotato.   8. Non possiamo
portarle. (Non le possiamo portare.)   9. Devo dipingerle la cucina. (Le devo dipingere
la cucina.)   10. Ci ho creduto.

10.10 1. Ne voglio.   2. Ne voglio un pò.   3. Ne voglio molta.   4. Ne voglio una.
5. Ne voglio.   6. Ne voglio uno.

10.11 1. No, non ne ho mangiati molti.   2. No, non ne hanno portati cinque.
3. No, non ne abbiamo comprate due.   4. No, non ne ho ricevuti pochi.   5. No, non ne
hanno mangiate troppe.   6. No, non ne ho date due.   7. No, non ne ho bevuta molta.
8. No, non ne ho scritte.

10.12 1. Ci ho pensato.   2. Ci hai creduto?   3. Non ne vuole.   4. Hai molti film?
Sì, ne ho venti.   5. Ci vogliamo andare. (Vogliamo andarci.)   6. Hanno tempo? Sì, ne
hanno molto.   7. Non devi parlarne. (Non ne devi parlare.)

10.13 1. Gliela spiega.   2. Glielo spiega.   3. Ve lo spiega.   4. Ce li spiega.
5. Te le spiega.   6. Me la spiega.

10.14 1. Sì, glielo danno.   2. Sì, gliela danno.   3. Sì, glieli danno. (Li danno loro).
4. Sì, glieli danno. (Li danno loro.)   5. Sì, me li danno.   6. Sì, me li danno.   7. Sì, gliela
danno.   8. Sì, ne danno loro. (Gliene danno.)

10.15 1. Non me li ha portati.   2. Non ve le ha portate.   3. Non ve li ha portati.
4. Non gliele ha portate.   5. Non glieli ha portati. (Non li ha portati loro.)   6. Non
gliene ha portata.

10.16 1. Sì, Marcantonio glielo può girare. (Può girarglielo.)   2. Sì, Mirella gliela
vuole doppiare. (Vuole doppiargliela. La vuole doppiare loro.)   3. Sì, Alba deve
fargliela. (Gliela deve fare.)   4. Sì, Ciruzzo deve servirgliele.   (Gliele deve servire. Le
deve servire loro.)   5. Sì, Venanzia può lavargliela. (Gliela può lavare.)   6. Sì, Valentino
vuole fargliene tre. (Gliene vuole fare tre.)

◆ CAPITOLO 11

11.1 1. spaghetti con salsa di pomodoro, insalata verde e formaggio   2. bistecca e
riso, un bicchiere di vino rosso e torta   3. scampi, una bottiglia di vino bianco e gelato
4. pollo e patate fritte, una caraffa di vino bianco e frutta   5. un panino, piselli e
biscotti

11.2 1. Gli adulti bevono un caffè e mangiano un panino a casa, o al bar prendono un
espresso o un cappuccino con un cornetto. I bambini bevono caffè latte e mangiano cereali

e pane con burro e marmellata.   2. Mangiano tre piatti: per primo prendono pasta o riso, per secondo carne o pesce con verdura o insalata, per terzo formaggio. Finiscono con frutta o dolce.   3. Lo spuntino, fra le 4,00 e le 5,00 del pomeriggio, interrompe il lungo intervallo fra il pranzo e la cena.   4. La cena è leggera e consiste di tre piatti: minestra, uova con verdura e formaggio, e frutta.

11.3
1. Va a prendere la sua amica americana Carol.   2. Fa bel tempo.   3. Perchè fra le ore di viaggio e il fuso orario, ha perduto la notte.   4. Perchè ha dormito in aereo. Ha fame e vuole mangiare.   5. Vuole mangiare del pesce fresco e assaggiare la pasta con il pesto.   6. I genovesi mangiano il pesto e il pesce.   7. Non le piace il pesce congelato.

11.4
1. Frigge il pesce.   2. Fa la pizza.   3. Fa il pane arrosto. (Arrostisce il pane). 4. Bevono il vino.   5. Vende il maiale arrosto.   6. Taglia la carne.

11.5
1. Voglio conoscere lei.   2. Voglio conoscere loro.   3. Voglio conoscere lui. 4. Voglio conoscere loro.   5. Voglio conoscere lui.   6. Voglio conoscere lei.

11.6
1. Ho prestato la radio a lui.   2. Ho conosciuto lui a Busalla.   3. Ha dato un pallone a me.   4. Ha visto noi alla partita.   5. A lei è sembrato comico il soggetto. 6. Ha portato loro al botteghino per i biglietti.   7. Ho seguito te per le strade di Genova. 8. Ho aiutato lei a leggere il menù.   9. Ho consigliato a lei un buon ristorante. 10. Ho aspettato loro a Crocefieschi.

11.7
1. Vuoi venire con me?   2. Marco, aspetti lei?   3. Mia sorella vuole conoscere una persona come te.   4. Secondo me, il mondo è bello.

11.8
1. Mi piace. (Non mi piace.)   2. Mi piacciono. (Non mi piacciono.)   3. Mi piacciono.   4. Mi piacciono.   5. Mi piace.   6. Mi piace.   7. Mi piacciono.   8. Mi piacciono.   9. Non mi piacciono.   10. Non mi piacciono.   11. Mi piace.   12. Non mi piace.   13. Mi piace.   14. Mi piace.

11.9
1. Ti piacciono gli gnocchi?   2. Le piacciono le cipolle?   3. Ti piace il dentista?   4. Ti piace la discoteca?   5. Vi piacciono le canzoni romantiche italiane? 6. Gli piacciono i tassisti di New York?   7. Le piace il Suo stipendio?   8. Ti piacciono gli occhi di Sofia?   9. Gli piacciono i capelli lunghi del Loro figlio Ninni?   10. Vi piace il pattinaggio?

11.10
1. Mi è piaciuto.   2. Mi sono piaciuti.   3. Mi sono piaciute.   4. Mi sono piaciuti.   5. Mi è piaciuta.   6. Mi è piaciuto.   7. Mi sono piaciuti.   8. Mi sono piaciute.   9. Mi sono piaciuti.   10. Mi è piaciuta.   11. Mi è piaciuta.   12. Mi è piaciuto.

11.11
1. le è piaciuta.   2. mi è piaciuta.   3. ci è piaciuta.   4. ti è piaciuta.   5. le è piaciuto.   6. gli è piaciuto.   7. vi sono piaciute.   8. mi sono piaciuti.   9. gli è piaciuto. 10. gli è piaciuta.

11.12
1. "Signor Cavallo, Le piace Genova?"   2. Mi piacciono quegli attori.   3. A mia sorella sono piaciute le magliette.   4. Ai bambini piacciono i giocattoli.   5. A suo fratello è piaciuta la partita.

11.13 1. Mi fa male il collo.   2. Le fanno male gli occhi.   3. Vi fa male il naso.
4. Gli fanno male i denti.   5. Ci fanno male i piedi.   6. Ti fa male la testa.

11.14 1. Le interessa lo sci di fondo.   2. Gli interessano gli scrittori italiani.
3. Mi interessa un buono stipendio.   4. Le interessano le colonne sonore dei film di
Fellini.   5. Vi interessa recitare nei film gialli.   6. Ti interessano le attrici italiane.

11.15 1. Le sono bastati due chili di carne.   2. Mi è bastato un piatto di tacchino.
3. Gli sono bastate otto banane.   4. Ci è bastata una partita di calcio.   5. Ti sono bastate
due uova di cioccolato.   6. Vi sono bastati cinque fiori gialli.

11.16 1. Gli è interessato il ciclismo.   2. Gli è interessato il tennis.   3. Ti è interessata la canzone.   4. Mi sono interessate le discoteche di Parma.   5. Vi sono interessati i
ristoranti di Capri.   6. Gli sono interessate le immersioni subacquee.

11.17 1. Le sono mancati i suoi amici.   2. Mi sono mancate le canzoni italiane.
3. Gli sono mancate le discoteche di Cosenza.   4. Vi sono mancati i tramonti a Spotorno.
5. Ti è mancata la Befana.   6. Ci è mancato il presepio.

11.18 1. Ci è mancato quel ristorante.   2. Le fanno male gli occhi.   3. Due piatti
di carne non sono bastati a Tino.   4. Non gli è importata la partita.   5. I film italiani ci
interessano.

CAPITOLO 12

12.1 1. È un paesaggio.   2. È un disegno.   3. È una natura morta.   4. È una
stampa.   5. È un acquarello.   6. È un autoritratto.

12.2 1. John e Laura sono nella Cappella Sistina.   2. Ammirano l'affresco della
creazione e del *Giudizio Universale*.   3. I colori ora sono chiari e vivaci.   4. Erano più
scuri: hanno pulito l'affresco.   5. No, era anche scultore, architetto e poeta.   6. Perchè
oggi non esistono persone che sanno fare tutto: ora la gente si specializza.

12.3 *Answers will vary.*

12.4 1. Una volta mi divertivo.   2. Una volta dormivo molto.   3. Una volta
portavo i pantaloni rossi.   4. Una volta avevo fretta.   5. Una volta andavo a molte feste.
6. Una volta pulivo la cucina ogni giorno.   7. Una volta volevo un lavoro pericoloso.
8. Una volta sapevo giocare a tennis.   9. Una volta dovevo lavorare.   10. Una volta
uscivo con gli amici.   11. Una volta ero ottimista.   12. Una volta soffrivo per amore.

12.5 1. ammirava   2. assaggiavamo   3. piacevano   4. tagliava   5. friggevate
6. era   7. beveva   8. coprivate   9. potevo   10. rifiutavi   11. prendevamo
12. dicevano; era   13. facevo   14. si svolgeva   15. mi mettevo

12.6 *Answers will vary.*

12.7 1. Da bambino, Stefano mangiava i biscotti ogni giorno dopo la scuola. 2. Di solito ci divertivamo quando disegnavamo paesaggi. 3. Mentre ero in cucina avevo fame. 4. Il sabato, i miei genitori facevano (preparavano) la prima colazione alle nove. 5. Era mezzanotte, e la gente dormiva. 6. Quando avevi cinque anni giocavi con il cibo. 7. Si chiamava Aldo, ed era sempre triste. 8. Erano felici mentre abitavano ad Amalfi.

12.8 1. tornavamo; domandava; abbiamo fatto 2. faceva; si alzava; si lavava; si pettinava; si vestiva; beveva; andava 3. Erano; si riposava 4. sono uscite; erano; hanno incontrato; faceva; aveva; ha notato; avevano; ha salutati; ha domandato; avevano; era; era; hanno ringraziato; hanno spiegato; volevano

12.9 1. Mi sono fermato(a) all'esposizione e sono stato(a) tre ore. I quadri erano straordinari. 2. Ci siamo visti metre andavi dai tuoi genitori. 3. Quando ha telefonato Vito, Filippo si vestiva. 4. Il cielo era scuro quando sono usciti per fare due passi. 5. Quando eri giovane, hai abitato al Vaticano per due mesi.

12.10 1. siamo andati; avevamo letto 2. ho telefonato; voleva; ha detto; aveva visto; si sentiva 3. ero; ho trovato; aveva dimenticato 4. erano; si erano preparati 5. è finito; ci siamo ricordati; avevano detto; dovevamo

12.11 1. Quel pittore aveva finito il ritratto mentre stava a Roma. 2. Ho visto Arturo a cena, e ha detto che era stato in Italia per un mese. 3. Hanno lavorato alla salumeria quando si erano laureati. 4. Hai provato i calamari perchè non li avevi mai assaggiati. 5. Siamo andati allo spettacolo perchè avevamo letto una buona recensione. 6. "Dottor Piselli, Lei non ha ordinato il manzo oggi perchè non le piaceva da bambino?"

12.12 1. Volevano andare alla partita ma non hanno potuto. 2. Ieri faceva bel tempo e ho potuto nuotare. Mi sono divertito(a). 3. Carlo non è potuto venire al cinema con me perchè era tardi e lui era stanco. 4. Dovevo telefonare ad Orval, ma mi sono addormentato(a). 5. Stefano ha saputo che sua moglie aveva preparato il pollo per il pfanzo. 6. Ho conosciuto Peppina dal macellaio mentre compravo una bistecca. 7. Sapevamo che Teresina si era laureata. 8. Il professor Pesce sapeva insegnare l'arte della pittura.

12.13 1. Avete parlato; avete visto 2. Abbiamo ammirato. 3. ha scolpito 4. Ho ricevuto 5. hanno dormito 6. ha creduto 7. Ho comprato 8. È uscito 9. È andato 10. avete vista (veduta) 11. Ho sentito 12. abbiamo seguiti 13. è partita 14. hai insegnato 15. ha offerto 16. Si sono rilassati 17. ha dovuto 18. Ci siamo fidanzati 19. è entrato; ha salutate 20. avete portato

13.1 1. giacca in pura lana   2. camicia in seta pura   3. tailleur informale in tweed
4. ombrello   5. mocassini   6. vestito in camoscio   7. blusa in cotone   8. collana
9. calze   10. giacca corta a doppiopetto   11. minigonna in pelle   12. occhiali
13. scarpe   14. giubbotto in "cuoio-spugna" 15. diario

13.2 *Answers will vary.*

13.3 *Answers will vary.*

13.4 1. Proverò   2. Mangeranno   3. Si divertirà   4. giocheremo; litigheremo
5. prenderà   6. Preferiranno   7. dormirai   8. riceverà; si sentirà   9. scriverà
10. giocherete   11. comincerà   12. ballerà   13. capirà   14. Ci sveglieremo
15. Scenderò   16. Leggeranno   17. offriremo   18. resterò; guarderò   19. conoscerà
20. spegnerà; si addormenterà

13.5 1. Quando andremo in Italia, visiteremo Firenze.   2. Se usciranno, si
fermeranno alla banca.   3. Mentre mangia, Carlo ascolta la radio.   4. Appena arriverà
mio fratello, ci rilasseremo.   5. Non fanno colazione quando fa caldo.   6. Se fa freddo,
ti metti la giacca.

13.6 *Answers will vary.*

13.7 L: andrete V: faremo; saremo L: dovrò; saprò; verrò; vedremo V: saranno;
potranno; dovranno L: finiranno; verranno V: vedrai; potrai; aspetteremo L: vorrò V:
berrò L: saprai; potrai; telefonerai V: dovrai; starò; uscirò

13.8 1. No, prenderò i biglietti domani.   2. No, ci fermeremo alla sfilata domani.
3. No, farò i preparativi per la festa domani.   4. No, andrò all'azienda domani.   5. No,
daremo il regalo allo zio domani.   6. No, saremo alla lezione di pattinaggio domani.
7. No, berrò del Chianti domani.   8. No, farò il bagno domani.   9. No, saremo alle
terme domani.   10. No, avremo i biglietti domani.

13.9 *Answers will vary.*

13.10 *Answers will vary.*

13.11 1. I ragazzi saranno agli Uffizi.   2. Quel macellaio sarà spagnolo.   3. Loro
conosceranno mio fratello.   4. Avete ordinato una bella cena: avrete fame!   5. Non
andranno all'agenzia di viaggi?

13.12 1. Chi sarà?   2. Conosceranno sua moglie.   3. Avranno fame.   4. Se ho
freddo, mi metto il cappotto.   5. Quando abbiamo bisogno di abbigliamento, lo compriamo in saldo.

13.13 1. sarò andato(a) 2. avrà comprato 3. avrà finito 4. avrà imparato
5. avremo trovato 6. si saranno sposati 7. avrò conosciuto 8. sarai stata 9. avrete
visto 10. avrà regalato

13.14 1. si sarà alzata 2. avranno ordinato 3. avrà scritta 4. avrai giocato
5. avrà fatto 6. sarai stato(a)

13.15 1. Le saranno piaciuti il vestito e il cappello. 2. Dove saranno andati(e)?
3. Avrei saputo (sentito) di Krizia, la stilista italiana. 4. Dopo che avrai fatto le compere,
telefonerai ai tuoi genitori. 5. Quando avranno finito il pollo, potranno avere il dolce.
6. Mi sarò addormentato(a) prima di mezzanotte.

 CAPITOLO 14

14.1 1. via Cavour, posta 2. via Cavour, ristorante Alfredo 3. via XX Settembre,
palazzo 4. viale Mazzini, giardino pubblico 5. viale Mazzini, museo 6. via Cavour,
stazione ferroviaria 7. via XX Settembre, viale Mazzini, la fontana (la chiesa)

14.2 *Answers will vary.*

14.3 1. L'uomo e la donna sono nella metropolitana. 2. Perchè la donna legge la
rivista Domus. 3. Domus sarà una rivista di arredamento. 4. La donna vuole vivere in
campagna. 5. La casa che la donna preferisce è nel verde, in campagna. 6. All'uomo
piace il centro città perchè ci sono i negozi, i ristoranti e i bar, e la possibilità di andare al
cinema, a teatro, a ballare. 7. Può vedere camini e tetti. 8. L'uomo vuole abitare in
un attico con la vista dei tetti e del Duomo, perchè la città di notte con la luna lo ispira.
9. Un vantaggio sono gli incontri in metropolitana, la possibilità di conoscere altre persone.

14.4 1. prendiamo 2. divertiamoci 3. andiamo 4. troviamo 5. incontriamoci
6. vediamo 7. finiamo 8. guidiamo

14.5 1. Parlino! 2. Mangi! 3. Spiegaci il soggetto! 4. Divertitevi! 5. Finisca
la bistecca! 6. Prendano un dolce! 7. Offri le bibite! 8. Mettetevi il cappello!
9. Calmati! 10. Ci legga la recensione!

14.6 1. Mangia! 2. Leggi! 3. Dormi! 4. Vedi il film d'orrore! 5. Corri a scuola!
6. Porta i pantaloncini gialli! 7. Ammira il quadro! 8. Prendi i calamari! 9. Scrivi
alla nonna! 10. Finisci gli spinaci!

14.7 1. viaggiate in treno! 2. balliamo insieme! 3. lavora tutta la giornata!
4. aspettino! 5. veda il film! 6. comincia il libro! 7. riposiamoci! 8. si vesta!
9. scendete ora! 10. usciamo! 11. stirino la camicia! 12. lavati! 13. venda la villa!
14. mettetevi il cappotto! 15. finisca la lettera!

14.8 1. va'! 2. ci dica il nome! 3. fammi un favore! 4. stia a casa! 5. facciamo colazione! 6. dacci il regalo! 7. lo faccia! 8. dillo! 9. lo diano a Maria! 10. dammi il pallone!

14.9 1. Diamola! 2. Speditele! 3. Li invitino! 4. Ascoltala! 5. La paghi! 6. Li facciano! 7. Assaggiamola! 8. Prendeteli! 9. Accompagnala! 10. Finiscili!

14.10 1. Marco, non farlo! 2. Marco, non dirlo! 3. Marco, non telefonarle! 4. Marco, non parlargli! 5. Marco, non assaggiarlo! 6. Marco, non venderle! 7. Marco, non darlo! 8. Marco, non scrivergli!

14.11 1. Portalo! 2. Portala! 3. Portali! 4. Portale! 5. Portali! 6. Portalo!

14.12 1. Le scriva! 2. Scriva loro (Gli scriva)! 3. Ci scriva! 4. Scriva loro (Gli scriva)! 5. Mi scriva! 6. Gli scriva!

14.13 1. Fausto, dimmi dove vai! 2. Signor Coniglio, gli dia il riso! 3. Vanessa, non andare alla banca oggi! 4. Professor Schultz, le faccia una domanda! 5. Signora Zamberletti, non si arrabbi con loro!

14.14 1. Sì, ci piacerebbe andare in Toscana. 2. Prenderei... 3. Sì, affitteremmo... 4. Andrei... 5. Sì, vorremmo... 6. Sì, farei colazione... 7. Sì preferiremmo... 8. Staremmo... 9. Sì, ci potremmo riposare... 10. Sì, preferirei...

14.15 **A.** and **B.** *Answers will vary.*

14.16 1. vorrebbe 2. vorrebbero 3. vorrei 4. vorresti 5. vorremmo

14.17 1. Potrebbe 2. Potrebbero 3. Potrebbe 4. Potrebbe 5. Potresti

14.18 1. Dovresti 2. Dovrebbe 3. Dovrebbero 4. Dovreste 5. Dovresti

14.19 1. Parcheggerei 2. Andresti 3. ritornerebbero 4. Verreste 5. Sarebbe 6. Avrei 7. Preferiresti 8. Saprebbe 9. Spediremmo 10. soffriresti 11. Sentirei 12. Ti annoieresti 13. Spendereste 14. darebbe 15. partirebbe 16. Farei 17. Si sveglierebbero 18. Giocheremmo 19. Dovresti 20. Vorrebbe

14.20 1. nessun 2. nessuna 3. nessun 4. nessuno 5. nessun 6. nessuno

14.21 1. Non chiamerà nessuno. 2. Nessuno vive in periferia. 3. Nessuno abita in quel quartiere. 4. Non si innamora di nessuno.

14.22 1. Suo marito non vuole sapere nulla/niente. 2. Quel vigile non vuole fare nulla/niente. 3. Nulla/niente va bene. 4. Non c'è nulla/niente nel grande magazzino.

14.23 1. Non c'è più una bella vista. 2. Mio cugino non lavora più all'ufficio postale. 3. Noi non siamo più nel viale. 4. Non avreste più bisogno di un incontro domani?

14.24 1. Non conosce nè Fausto nè Maurizio. 2. Non sa bene nè l'italiano nè il francese. 3. Nè lui nè lei ti aiuterà... 4. Non mangeresti nè uova nè formaggio.

14.25 1. Neanch'io comprerò quella rivista. 2. Neanche loro si divertiranno. 3. Non porteremo neanche Filippo al cinema. 4. Non ci piacerebbero neanche queste statue.

14.26 1. Non giriamo mai nel viale. 2. Non traversa mai all'angolo. 3. Non è mai socievole. 4. Non vi riposereste mai in campagna.

14.27 1. Non sa ancora parcheggiare la macchina. 2. Gino non ha ancora diciotto anni. 3. Non è ancora inverno. 4. Non sono ancora in macchina.

14.28 1. Non compro più il prosciutto. 2. Non abbiamo portato niente. 3. Non andrebbero nè al ponte nè al fiume. 4. Non vanno mai in chiesa? 5. Nessuno sa parcheggiare in centro. 6. Non hanno neanche fame.

14.29 1. nessuno 2. niente/nulla 3. nulla/niente 4. nessuno 5. mai 6. più/mai 7. più

14.30 1. avrei comprato 2. avremmo ordinato 3. sarebbe andato 4. si sarebbero fidanzati 5. saresti uscito(a) 6. sareste potuti 7. avrebbero voluto 8. avrei dovuto 9. avresti preferito 10. sarebbero arrivati 11. avrei mandato 12. sarebbe venuta 13. avremmo assaggiato 14. si sarebbero incontrati 15. sarebbe venuta

14.31 1. Boris ha detto che sarebbe venuto. 2. Avresti dovuto leggere quella rivista. 3. Gli ho spiegato che non sarei andato(a). 4. Avremmo potuto abitare in Italia!

CAPITOLO 15

15.1 (2) la fabbrica (3) l'energia nucleare (4) la fuoriuscita del greggio (5) la risorsa naturale (6) l'energia solare (7) i fumi di scarico (8) lo smog (9) la fascia di ozono

15.2 *Answers will vary.*

15.3 *Answers will vary.*

15.4 1. Non è vero, i fumi di scarico sono meno pericolosi dell'effetto serra. 2. Non è vero, la carne è meno buona del pesce per la salute. 3. Non è vero, il vestito di lana è meno caldo della minigonna. 4. Non è vero, i mocassini sono meno pratici degli stivali. 5. Non è vero, il giubbotto a quadri è meno comodo del cappotto. 6. Non è vero, le fabbriche inquinano meno delle grandi città.

15.5 1. No, la giacca in pelle è più ecologica della giacca in cotone.   2. No, i volontari sono più importanti delle leggi per l'ambiente.   3. No, la fuoriuscita del greggio uccide la fauna più dell'inquinamento.   4. No, molto sale fa più male del burro.   5. No, la raccolta della plastica è più necessaria del riciclaggio del vetro. 6. No, l'estinzione degli orsi sarà più lenta dell'estinzione degli uccelli.

15.6 *Answers will vary.*

15.7 *Answers will vary.*

15.8 come (quanto); come (quanto); come; tante; quanto; come (quanto); tanto; quanto; così; come; tanto; quanto

15.9 *Answers will vary.*

15.10 1. i più pericolosi   2. il più grande   3. il più bell'   4. il più felice (la più felice)   5. i più intellettuali   6. i più atletici

15.11 1. Io rispetto l'ambiente più di te.   2. È la pianta più bella!   3. L'orso è un animale più grande dell'uccello.   4. Aldo è più lento di me.   5. Io sono così istruito come loro. (istruito come loro; tanto istruito quanto loro, istruito quanto loro)   6. Hanno tanti progetti quanto me.   7. Sofia è la donna più bella d'Italia.   8. Secondo me, l'acqua qui è meno inquinata.

15.12 1. Il signor Hakim è un migliore avvocato del signor Mazzola.   2. L'arrosto è peggiore del maiale.   3. Mi diverto di più nell'acqua.   4. Sei il meno tranquillo della famiglia.   5. Il mio migliore amico è Furio.   6. Erminia è una migliore cuoca, ma mia madre cucina la migliore bistecca.

15.13 1. meglio   2. ottimi   3. buonissime   4. peggiore   5. migliore   6. meno

15.14 1. ...avrebbe danneggiato pericolosamente l'ambiente.   2. ...si veste elegantemente.   3. ...parlava intelligentemente.   4. ...dinamicamente.   5. ...ha spiegato facilmente la conferenza.   6. ...che tu non studi regolarmente!   7. Si sono salutati gentilmente.   8. Ettore protegge sinceramente...

15.15 1. Quei giovani ballano naturalmente al Club Hollywood!   2. Lo zio parteciperà certamente alla...   3. Domani ci vedremo difficilmente...   4. Giocheranno a calcio stancamente.   5. Faranno due passi lentamente.   6. Lui getta i rifiuti nel bosco irresponsabilmente.

15.16 1. Lui scrive peggio di me.   2. Respiriamo meglio quando l'aria non è inquinata.   3. Mi piacciono i dolci di più!   4. Hanno rispettato molto l'ambiente.   5. I detersivi hanno un peggiore effetto della plastica sull'acqua.   6. Avete diminuito molto i vostri rifiuti.

CAPITOLO 16

16.1   1. cantante   2. cassette   3. applaude   4. fischia   5. CD (disco)   6. aria   7. dilettante   8. musica leggera

16.2   1. Quale strumento suoni?   2. Pavarotti è un cantante molto bravo (bravissimo).   3. Mi piaceva la musica classica.   4. Non conoscono nessun'opera e non vanno mai a teatro.   5. Ascolto molto la radio.

16.3   1. Sì, è il CD per cui ho pagato molto.   2. Sì, è il conservatorio in cui ho imparato il flauto.   3. Sì, è il pianoforte su cui ho suonato la musica.   4. Sì, è il soprano a cui ho sorriso.   5. Sì, è il pianista con cui ho parlato.   6. Sì, sono i ragazzi con cui ho giocato.

16.4   1. Ci sono molti che hanno comprato i biglietti.   2. Ci sono alcuni irresponsabili che hanno fischiato il tenore.   3. C'è sua moglie che ha indossato un abito nero.   4. Ci sono i miei amici che sono arrivati tardi...   5. C'è mio nonno che ama il rap.   6. Ci sono molti italiani che vanno...   7. C'è questo violinista che suona veramente bene.   8. Ci sono i suoi figli che hanno studiato...

16.5   *Answers will vary.*

16.6   1. Hai visto quella bambina che sorride alla mamma?   2. Hai visto quei ragazzi che apprezzano la lirica?   3. Hai visto quel professore che grida frequentemente?   4. Hai visto quegli studenti che applaudono il cantante?   5. Hai visto quel pianista che suona soavemente?   6. Hai visto quei bambini che fischiano allegramente?

16.7   1. Sì, è il baritono con cui sono uscito.   2. Sì, sono i signori con cui abbiamo parlato.   3. Sì, è la ragazza a cui ho sorriso.   4. Sì, è la pensione in cui siamo stati.   5. Sì, è il famoso soprano di cui scrive.   6. Sì, è il dottore a cui ho spiegato il sogno.

16.8   1. La ragazza con cui hanno parlato è mia sorella.   2. La professoressa a cui sorridiamo è Amalia Spilabotte.   3. Il ristorante in cui hai cenato si chiama Da Barracca.   4. Il violino che ha suonato è di Stradivari.   5. Il tenore che abbiamo applaudito ha interpretato un'aria famosa.   6. L'antica città che visiteremo è Pompei, vicino a Napoli.

16.9   1. Chi   2. cui   3. che   4. chi   5. cui   6. Chi   7. chi; chi   8. che   9. Chi   10. che

16.10   1. Chi si vuole divertire dovrebbe ascoltare la musica dal vivo.   2. Chi può andare alla festa deve arrivare presto.   3. L'uomo con cui lei cammina è un famoso tenore.   4. Non so per chi è.   5. Lo strumento di cui parli costa molto.   6. Con chi sei andato(a)?   7. Un dilettante ha suonato la musica che abbiamo ascoltato alla radio.

8. La persona che hai conosciuto è il suo fratello maggiore.   9. Farò ciò (quel) che voglio.
10. Non è quel (ciò) che hanno detto.

16.11 *Answers will vary.*

16.12 1. Sì, ho applaudito tutti i cantanti.   2. Sì, ho ascoltato tutta l'opera.   3. Sì,
ho ammirato tutti i capolavori.   4. Sì, ho giocato tutta la partita.   5. Sì, ho spiegato tutte
le parole.   6. Sì, ho invitato tutti gli amici.   7. Sì, ho scritto tutta la lettera.   8. Sì, ho
bevuto tutto il vino.

16.13 1. Puoi avere qualunque cosa.   2. Tutti i giorni dimentico i miei compiti.
3. Passeremo tutta la notte ad Amalfi.   4. Hai detto che ti piace qualunque piatto
italiano?

16.14 1. ognuno   2. Qualcuno   3. Tutti(e)   4. tutto   5. qualcosa   6. qualcuno
7. tutti   8. tutti; ognuno; qualcosa

16.15 1. C'è qualcuno qui?   2. Vorrei comprare tutto!   3. Ieri siamo andati a un
concerto con qualcuno che non conoscevo.   4. Vuoi qualcosa?   5. Hanno invitato tutti a
fischiare quella famosa canzone.   6. Hai detto "dolci?" Ne ho mangiati alcuni questo
pomeriggio!

16.16 1. Ballando, si divertono.   2. Volendo mangiare bene, vado al mio ...
3. Finendo di lavarsi, Gennarino fischiava...   4. Andando a cavallo, hai visto...
5. Facendo la ginnastica, vi rilassate.   6. Suonando la fisarmonica, Heinz, sorrideva...
7. Guidando a Napoli, avevo paura.   8. Ritornando a Piscinola, passeranno ...

16.17 1. guardando   2. restando   3. pensando   4. mangiando   5. bevendo
6. essendo   7. avendo   8. facendo

16.18 *Answers will vary.*

 CAPITOLO 17

17.1 1. una commedia   2. Angela Lansbury   3. John Erman   4. tre teleromanzi
5. due parti; alle 12.00 e alle 14.15   6. alle 13.00 e alle 23.55   7. negli Stati Uniti/in
America   8. il calcio (dilettanti), il hockey su ghiaccio e il kickboxing (femminile)
9. Alle 18.00 e alle 19.00   10. *The Price Is Right* e *The Wheel of Fortune*

17.2 *Answers will vary.*

17.3 1. parli; parli; parliamo; parlino; parliate; parli   2. legga; legga; legga;
leggiamo; leggano; leggiate   3. capisca; capisca; capiscano; capisca; capiate; capisca
4. abbia; abbiano; abbia; abbiamo; abbia; abbiate   5. sia; siate; siano; sia; sia; sia

17.4 1. Penso che lui vada... 2. Crediamo che tu faccia... 3. È possibile che io finisca... 4. Desideri che voi stiate... 5. Dubitate che noi siamo ... 6. Voglio che lui conosca... 7. Speri che io veda... 8. Dubita che tu capisca... 9. Bisogna che voi sappiate... 10. Le piace che loro vadano... 11. Sono felice che lui esca... 12. Desideriamo che tu venga... 13. Volete che noi mangiamo... 14. Ha paura che io non finisca... 15. È importante che voi abbassiate...

17.5 1. veda 2. escano 3. diciate 4. diano 5. vogliamo 6. venga 7. devano 8. piaccia

17.6 1. sei 2. sia 3. porta 4. finisca 5. va 6. è 7. possano 8. insegna 9. esca 10. arrivi

17.7 1. È importante che lei venga domani. 2. Voglio che tu veda la commedia. 3. Sperano di guardare la televisione stasera. 4. Pensi che io sia sorpreso(a)? 5. È triste che devano andare. 6. Vuole (Gli piace) che i suoi genitori si divetano con i nipoti. 7. Il televisore che compro è ottimo e non costa molto (non è caro). 8. Hai paura di non andare.

17.8 *Answers will vary.*

17.9 *Answers will vary.*

17.10 1. sia 2. abiti 3. abbia giocato 4. possa 5. facciano 6. abbiate suonato 7. finisca 8. siano

17.11 1. Ascolteremo le notizie a meno che non sia troppo tardi. 2. Verrò purchè tu vada. 3. È felice abitando (mentre abita) a Cugnoli. 4. Sebbene non mi senta bene, sono felice di essere qui. 5. Ti riposerai affinchè tu possa lavorare tutta la notte. 6. Faccio i piatti affinchè mia moglie possa giocare con i bambini.

17.12 1. conosca 2. è 3. guardi 4. è; ha 5. è (sarà); vengano 6. è 7. verrà (sarà) 8. paghi 9. legga; sia 10. è

17.13 1. vada 2. scriva 3. piace 4. è 5. insista 6. vuole 7. desidero 8. mangi

17.14 1. Qualunque programma tu guardi, ti addormenterai. 2. E' l'unico amico che abbia mai avuto. 3. Dovunque vada Sofia, andrò con lei. 4. Comunque lavorino gli studenti, i professori saranno sempre felici.

17.15 1. Andrò prima che lei arrivi. 2. Ti lavi prima di vestirti. 3. Si divertiranno senza vedere un film. 4. Petunia deve incontrare i suoi parenti senza che ci sia suo marito.

18.1 1. due; Frank Sinatra e Madonna   2. quattro; Joe Venuti, Bruce Springsteen, Jon Bon Jovi e Henry Mancini   3. quattro; Francis F. Coppola, Quentin Tarantino, Martin Scorsese e Vincent Minnelli   4. Primo Carnera, Rocky Marciano e Rocky Graziano   5. Liguria   6. Campania   7. Joe DiMaggio   8. baseball   9. Vincent Minnelli e Liza Minnelli   10. Vincent è il padre di Liza. (Liza è la figlia de Vincent.)

18.2 1. Penso che i miei antenati siano venuti da Panicuocolo.   2. Non abbiamo denaro, così dovremo trovare un impiego.   3. Quando Mario si sposerà, si stabilirà a Vallo di Lucania.   4. È impossibile che il confine sia troppo lontano.

18.3 1. Sembrava che tuo marito venisse da Licata.   2. Sembrava che quel denaro fosse del muratore.   3. Sembrava che io non avessi i documenti.   4. Sembrava che noi dovessimo lasciare il paese.   5. Sembrava che i frati mangiassero bene.   6. Sembrava che tu finissi il giornale.   7. Sembrava che la monaca si riposasse.   8. Sembrava che io non vedessi niente.   9. Sembrava che noi leggessimo l'orario dei treni.   10. Sembrava che i musicisti temessero quel lavoro.   11. Sembrava che tu offrissi un brindisi.   12. Sembrava che voi aveste un impiego.   13. Sembrava che quel pugile fosse troppo nervoso.   14. Sembrava che io non stessi bene.   15. Sembrava che noi partissimo subito.

18.4 1. Sì, avevo paura che mio fratello non si divertisse.   2. Sì, temevo che quell'impiego non pagasse bene.   3. Sì, insistevano che i genitori vedessero il gioco.   4. Sì, era possibile che queste notizie non fossero vere.   5. Sì, avevamo paura che voi dirigeste male il canale televisivo.   6. Sì, era difficile che quel poliziotto capisse l'inglese.   7. Sì, volevo che tu prendessi questa medicina.   8. Sì, dubitavamo che la trasmissione fosse intelligente.   9. Sì, la mamma sperava che tu dormissi nel parco.   10. Sì, era necessario che i risparmi andassero alle banche.

18.5 1. È stato necessario che io mi allontanassi dal paese.   2. Sarebbe possibile che io mi arrangi in America.   3. Aveva desiderato che io fossi pugile.   4. Preferiresti che io diventassi prete.   5. Era importante che io mi avvicinassi alla famiglia.   6. Hanno pensato che io mi vestissi bene.   7. Vorrebbero che io ricevessi un bel regalo.   8. Avete paura che io esca con quel poliziotto.

18.6 1. fosse andato   2. aveva lasciato   3. avessi detto   4. avevate abbandonato   5. avessi preso   6. aveva aperto   7. erano emigrati   8. si fosse sposata   9. fossero usciti   10. fossi venuto   11. aveva avuto   12. ci eravamo messi

18.7 *Answers will vary.*

18.8 1. Sarei stanco se non dormissi. Sarei stato stanco se non avessi dormito.   2. Andrebbe a letto se non finisse la cena. Sarebbe andato(a) a letto se non avesse finito la cena.   3. Se abbassassimo il volume, non sentiremmo niente. Se avessimo abbassato il volume, non avremmo sentito niente.   4. Se lasciaste il vostro paese, sareste tristi. Se aveste lasciato il vostro paese, sareste stati tristi.   5. Piermaria brinderebbe ai suoi antenati se trovasse un ottimo impiego. Piermaria avrebbe brindato ai suoi antenati se avesse trovato un ottimo impiego.   6. Se emigrassero in America, si stabilirebbero a Brooklyn. Se fossero emigrati in America, si sarebbero stabiliti a Brooklyn.   7. Verresti al veglione se avessi tempo. Saresti venuto(a) al veglione se avessi avuto tempo.   8. Se vedessimo gli amici, li saluteremmo. Se avessimo visto gli amici, li avremmo salutati.

18.9   1. vedresti; avessi   2. avessi detto; avresti pensato   3. avesse offerto; sarebbero andati   4. fossimo andati; ci saremmo divertiti 5. aveste; fareste

18.10   *Answers will vary.*

18.11   1. presente indicativo   2. condizionale   3. futuro indicativo
4. condizionale   5. presente indicativo   6. futuro indicativo   7. condizionale
8. presente indicativo

18.12   *Answers will vary.*

18.13   1. sia andato   2. fossero venuti   3. portassi   4. abbia   5. vi foste lavati
6. abbia fatto   7. piacessero   8. partano   9. sia uscito(a)   10. sia   11. spendesse
12. abbiate passato   13. fossero   14. avessimo dormito   15. mangiasse

18.14   1. va   2. paga   3. andassi   4. potete   5. si siedano   6. facesse
7. portava   8. possa   9. hanno passato   10. è venuta   11. è andata   12. dovevamo
13. andassi   14. foste conosciuti   15. andasse

18.15   1. Spero che tu vada.   2. Penso che lui sia andato.   3. Se ha freddo, si mette il cappotto.   4. Se vedessimo Manlio, gli diremmo della nostra tristezza.   5. Mio padre aveva paura che io non mi fossi sentito(a) bene.   6. Vorrai che lei porti l'uva per domani.
7. Benchè io fossi arrivato(a) tardi, i suoi genitori erano felici di vedermi.   8. Eri contento(a) di rimanere a Bari.

18.16   1. Gli emigranti avevano lasciato i bauli al confine.   2. La poliziotta ha dato il documento a mia moglie.   3. Credo che quel pugile abbia perso il vantaggio.
4. La mamma offriva la banana alla bambina.   5. Sembrava che Cimabue avesse dipinto l'affresco.   6. Noi diamo il denaro a Maria.   7. I suoi genitori non avrebbero pagato le tasse.   8. Io ho scritto la lettera al presidente.   9. Il Rossellino avrà costruito quella chiesa.   10. Voi pulite le scarpe.   11. Pensavo che tu avessi fatto il dolce.   12. Noi arrostiremo il pollo.

18.17   1. Sì, penso che la torta sia stata finita da Ercole.   2. Sì, penso che una canzone sia suonata da quei musicisti.   3. Sì, penso che del denaro sia stato lasciato dai miei parenti.   4. Sì, penso che il pesce sia stato pulito da me.   5. Sì, penso che i salumi siano spediti dalla nonna.   6. Sì, penso che un altro film sia stato girato da Pappi Corsicato.
7. Sì, penso che la macchina sia stata parcheggiata da loro.   8. Sì, penso che gli scampi siano stati presi da me.

18.18 1. Cosa si legge in biblioteca? 2. Cosa si mangia a casa tua? 3. Come si dicono in inglese le parole ... ? 4. Come si preparano gli spaghetti? 5. Cosa si porterà alla festa? 6. Cosa si ordinerà al ristorante? 7. Dove si faranno le compere? 8. Cosa si vende alla macelleria? 9. Quali programmi si guardano? 10. Cosa si suona?

Lab Manual Answers

This Answer Key contains answers to written activities with discrete responses only.

 CAPITOLO PRELIMINARE

G. 1. eco 2. bene 3. fama 4. pane 5. bara 6. rate 7. fumo 8. puro
9. duca 10. sugo 11. truce 12. rigo 13. regio 14. giogo 15. ciuco 16. gita
17. dighe 18. ligio 19. rogo 20. buchi 21. pece 22. luoghi 23. vieta
24. pesca 25. pesce 26. lisca 27. rischia 26. cuoce 29. nasce 30. mesce
31. schiavo 32. mischia 33. sciame 34. schiude 35. lascia 36. chiodo
37. perchè 38. ragù 39. così

H. 1. dona 2. motto 3. penna 4. pica 5. sete 6. bella 7. caccio 8. fuga
9. pala 10. faro 11. ridda 12. papa

I. 1. tredici 2. otto 3. dieci 4. cinque 5. quattro 6. due 7. undici
8. diciotto 9. trenta 10. ventotto 11. quaranta 12. sedici 13. cinquantanove
14. quindici 15. ottantuno 16. sessantasei 17. cento 18. settantasette
19. diciassette 20. novantatrè 21. diciannove

 CAPITOLO 1

A. 1. ago 2. gioco 3. guscio 4. giallo 5. scrivo 6. cella 7. ghiro 8. chiesa
9. ghiaccio 10. china 11. pacchi 12. giace 13. lacca 14. germe 15. scuola
16. schietto 17. sciame 18. raschia

B. 1. meta 2. cela 3. panne 4. regge 5. colla 6. dona 7. tuffo 8. geme
9. avremmo 10. toppo 11. rupe 12. galla

C. Vito: Buon giorno, mi chiamo Vito. E tu? Anna: Io sono Anna Rossi. Vito: Piacere. Anna: Piacere. Sei americano? Vito: No, sono italiano. E tu, di dove sei? Anna: Sono di Milano.

E. 1. è 2. siamo 3. sono 4. sei 5. è 6. siete 7. sono 8. è

F. 1. siamo 2. sei 3. sono 4. è 5. è 6. siete

 CAPITOLO 2

A. 1. rida 2. molo 3. pappa 4. corri 5. fioco 6. piovve 7. fumo 8. folla 9. metta 10. regia 11. lotto 12. pena 13. cucce 14. velo

B. 1. poso 2. casse 3. resa 4. tessi 5. mese 6. lesso

C. 1. schietto 2. gabbia 3. ciccia 4. scialle 5. ruga 6. pece 7. ghiotto 8. crusca 9. fiacco 10. esca 11. ascia 12. guaio 13. chioccia 14. baffo 15. giunge 16. chiasso 17. scroscio 18. faggio

 CAPITOLO 3

A. 1. ciuffo 2. raggio 3. sciame 4. scimmie 5. picchi 6. mole 7. molla 8. scempio 9. granchio 10. giunco 11. scricchio 12. biscia 13. regio 14. giace 15. asce 16. giunco 17. ghiaia 18. scuoio

 CAPITOLO 4

A. 1. chioccia 2. giulivo 3. schiocca 4. accoscia 5. scialuppa 6. giocattolo 7. risucchia 8. fuggiasco 9. fiaschi 10. acciaio 11. ghiottone 12. cucchiaio 13. aggeggio 14. sciacallo 15. ghiandola 16. sguazzare

B. 1. Vorrei comprare una camicia. 2. La... 3. La provo volentieri. 4. Quanto costa? 5. Va bene, la compro. Grazie. / 1. Ho bisogno di mezzo chilo di broccoli. 2. Sono cari? 3. Sì, mezzo chilo di pomodori. 4. Un chilo, per favore. Quant'è? 5. Grazie.

G. 1. 56 2. 78 3. 63 4. 92 5. 234 6. 619 7. 811 8. 107 9. 776 10. 3.516 11. 1.005 12. 17.401 13. 41.328 14. 16.012 15. 58.261 16. 78.907 17. 31.018

18. 593.126   19. 758.013   20. 902.017   21. 105.466   22. 601.002   23. 13.809
24. 52.187

 ## CAPITOLO 11

A. 1. 4 persone   2. 4 primi piatti   3. 18.000 lire   4. 3 secondi piatti   5. 24.000 lire
6. 2 contorni   7. acqua e vino   8. 5.700 lire   9. 62.700 lire